まるごとガイドシリーズ ❹

資格のとり方・しごとのすべて
保育士
[ほ い く し]
まるごとガイド

髙橋 貴志／監修

第4版

ミネルヴァ書房

はじめに

　今も昔も「保育士」は、子どもたちが将来なりたい職業の上位にランクインする、人気の職業のひとつです。保育士になることを夢見て頑張っている皆さんが初志貫徹し、保育の現場に立たれることを、この本が少しでもバックアップできれば幸いです。

　保育士資格が国家資格となってから、早くも10年以上が過ぎました。保育士の職務内容を、"誰でもできる仕事"ととらえる人は、今ではほとんどいなくなりました。このことは、保育士が高い専門性を要求される"専門職"であることを社会が認めるようになった証でもあります。

　一般的に専門職とは、ある"特定"の分野の技能や知識をもっている人たちのことを指します（医師が"医学"に関する知識や技能を有しているように）。これに比べ保育士は、はるかに多様な分野の知識や技能を求められます（保育に関する原理、心理、福祉、教育、子どもの保健、栄養、音楽、造形等の技能……）。保育士は専門職ですから、もちろん保育のスペシャリストです。そして同時に、ジェネラリストとしての側面ももち合わせているのです。保育士は、幅広く子どもや、保護者や、地域の子育て等に関して学び、それらを個々のケースに即して適宜活用し、最良の対応を施します。ここに、保育士という仕事の本質があるのです。

　今後、社会の保育士に対する期待は、より複雑かつ大きなものになることが予想されます。専門職としての矜持をもって、皆さんが保育士として活躍されることを心から願っています。

　　　　　　　　　　　　　　髙橋　貴志

もくじ

●プロローグ

- STEP1　この本を手に取ったあなたは、どんな人なのでしょうか？ ── 6
- STEP2　さまざまな職場での保育士の仕事ぶりを知ってください ── 8
- STEP3　この本を、自分にふさわしい仕事・職場探しに役立てて ── 10

第1章　「保育士」は国家資格。子どもの健やかな育ちを助けます

1. 子どもの健やかな育ちには家族、そして社会のサポートが必要 ── 14
2. 保育士は子どもの健やかな育ちを援助し、保護者を支援する専門職 ── 16
- ○ メモ①　「子どもの権利条約」では何が決められているの？ ── 17
3. 幼稚園の「せんせい」とはどう違うの？ ── 18
- ○ メモ②　保育所と幼稚園、その起こりは？ ── 21
- ＜インタビュー１＞ 主任保育士にきく／これからの保育士に必要なのは「社会性」 …… 22
4. 特に居住型の入所施設で働く際に身につけておきたい資質は ── 24
- ● 立ち止まってチェック！　保育士の仕事について、おさらいしてみましょう ── 25

第2章 資格を生かす職場はおもに児童福祉の分野です

1 保育士が活躍する「児童福祉施設」について知りましょう ── 28

2 保育士の就職先No.1　保育所ってどんなところ？ ── 30
　　＜ルポ1＞ 子どもを相手に、すべては信頼関係を築くところから始まる …… 32

3 子どもの生活をまるごとケアする乳児院、児童養護施設では ── 36
　　＜ルポ2＞ 体も心も育ち盛りの子どもたちと生活をともにし、社会への巣立ちをサポート …… 38

4 障害のある子どもを支援する施設では ── 42
　　＜ルポ3＞ 知的障害児・者の自立を援助するために確かな専門知識と技術でケア …… 44

5 保育士資格を持っているとこんな職場でも働ける！ ── 48
　　＜ルポ4＞ 地域の子どもたちに「場」を提供して魅力的な遊びを提案 …… 50

○ メモ③　子どもの健全育成を支援する「遊び」とは？ ── 54

● 立ち止まってチェック！
　保育士がどんな職場で働いているか、わかった？ ── 55

第3章 知っておきたい職業生活の実際

1 勤務形態、休日は変則的になりがち ── 58
　　＜ルポ5＞ 家庭で生活できない乳児が相手。個々の事情を受け止め担当制で24時間のケア …… 62

2 働き続けることができるような待遇になっているの？ ── 66

○ メモ④　産休、育休って何？ ── 69

3 保育士ならではの職業意識、満足度は？── 70
 <インタビュー２＞　身体障害者通所授産施設の指導員にきく／相手世界の実現を手伝う、そこに喜びが …… 72
○ メモ⑤　ともに働くのはどんな人たち？── 74
● 立ち止まってチェック！
職業生活の実際を正しく理解できた？── 75

第4章　今後はどうなるの？　保育士の役割、そして仕事内容

1 社会、そして地域で担う子育てに ── 78
 <ルポ６＞　保護者や地域住民を巻き込む開かれた保育を実現するには保育士の意識改革も必要 …… 82
2 増大する保育ニーズとサービスの多様化への対応は？── 86
○ メモ⑥　児童虐待って？── 89
 <ルポ７＞　敷地内に保育所と幼稚園、デイサービスセンターを併設。互いに行き来して広がりのある保育、教育を実践 …… 90
3 フレキシブルに考えたい資格の生かし方 ── 94
 <ルポ８＞　１対１のつきあいで子どもの成長に深くかかわり、子育て家族を支える …… 96
4 納得のいく職場探しには情報収集が不可欠 ── 100
● 立ち止まってチェック！
あなたは、どんな働き方をしたい？── 103

第5章 あなたに合った資格の取り方を見つけましょう

1 養成校と保育士試験、どちらがあなたに向いている？ — 106

2 ルート1　養成校で資格を取る
①どのタイプの学校を選ぶ？ — 108

3 ルート1　養成校で資格を取る
②養成校に入学するには — 110

　　＜インタビュー３＞　4年制大学で保育士をめざす人にきく／何でも学んで、じっくり、進路を考えました …… 112

4 ルート1　養成校で資格を取る
③養成校では何を学ぶ？ — 114

5 ルート2　保育士試験で資格を取る
①どんな試験かよく知って準備を — 116

6 ルート2　保育士試験で資格を取る
②受験準備のポイント — 118

● 立ち止まってチェック！
あなたに合った資格へのルートはどれ？ — 120

●役立ち情報ページ

保育士資格の取れる学校リスト — 122
　○大学　○短期大学　○専門学校　○高等学校専攻科
　○介護福祉士専攻科のある学校

問い合わせ先一覧 — 138
　○保育士試験について　○保育士登録について　○保育所や保育士の団体

就職先を探すリスト — 139
　○福祉人材センター　○福祉人材バンク
　○福祉人材コーナー設置ハローワーク（公共職業安定所）

プロローグ

STEP 1 この本を手に取ったあなたは、どんな人なのでしょうか？

小さな子どもを相手に、毎日遊んだり歌ったり、楽しい時間を過ごす……この本を手に取った人の多くは、「保育士」という仕事にそんなイメージを持っているのではないでしょうか。そして、小さいころ、あこがれだった保育園の先生のように、「毎日、子どもたちと楽しく遊べたらなぁ」と考えていることでしょう。「子どもが好きだから、きっとやさしい気持ちでお世話できる」という人もいることでしょう。

もちろん、それは間違いではありません。楽しい遊びは、子どもの感性や身体機能を育てるために大事なこと。それを提供するのも保育士の仕事のひとつです。また、子どもの発達を支えるために、「子どもが好き」というやさしい気持ちが必要なことも事実。

でも、そんな気持ちだけでは保育士の仕事はつとまりません。保育のプロとして子どもを保育するわけですから、「命をあずかる」という重大な責任があります。

また、ただ無事にあずかればいいのではなくて、子どもが心身ともに健やかに成長できるよう、子どもに対してあらゆるサポート、ケアをします。その際、プロであるからには、子どもの発達に関す

る正しい知識、そして適切な接し方をマスターしていなくてはなりません。また、心構えにしても、「お世話をする」「やさしい」気持ちだけでなく、子どもが自分でできるように、「支え」「見守る」ことが求められます。たとえば、1歳の子どもがまわりを汚しながらスプーンでおかずを食べようとしている……そんなときに、「まだ赤ちゃんだから」と食べさせてあげるのではなく、食べやすいスプーンの持ち方を教えて、あとは少々まわりが汚れても、時間がかかっても見守る。そんな忍耐強さが保育士には必要不可欠なのです。

　さらにいえば、保育士には、「福祉」の発想、そして知識が求められています。子ども一人ひとりはすべて健やかに育てられる権利を持ち、私たちにはそのように育てる義務があります。このことが仕事をしていくうえでの基本認識となります。

　保育士の資格があると、保育園を含めて、さまざまな児童福祉施設やその他の分野で活躍できます。保育士がどんな位置づけで、どんな仕事をしていて、どんな役割を期待されているのか、保育士となる資格を得るには何が必要なのか……、この本で学んでみてください。

STEP 2 さまざまな職場での保育士の仕事ぶりを知ってください

通所

私立保育所の主任保育士
栗崎久美子さん
→インタビュー1

私立保育所の保育士
木村悟士さん
→ルポ1

石井眞理子さん
公立保育所の保育士
→ルポ6

公立保育所の保育士
佐藤邦子さん
→ルポ7

児童館の指導員
荒川祝さん
→ルポ4

身体障害者通所授産施設の指導員
田端幸子さん
→インタビュー2

保育士の職場はおもに子どものための施設です。保育所もそのひとつですが、施設によってはケアの対象が障害児・者になることもあります。入所施設では泊まりこんでのケアも。この本では実在の保育士の仕事ぶりを見学し、話をきいて、ルポやインタビューの記事にしています。主任保育士、ホーム長から勉学中の学生まで、キャリアはさまざま。それぞれ等身大の姿を見せてくれます。それぞれの仕事を、思いを、どうぞ知ってください。

入所

児童養護施設のホーム長
野中百合子さん
→ルポ2

知的障害児施設の保育士
仲川正徳さん
→ルポ3

乳児院の保育士
堀水真紀子さん
→ルポ5

ベビーシッター
遠藤直子さん
→ルポ8

保育士をめざす大学生
五十嵐真世さん
→インタビュー3

さまざまな職場での保育士の仕事ぶりを知ってください

STEP 3 この本を、自分にふさわしい仕事・職場探しに役立てて

　み んながあこがれる、「保育園の先生」「幼稚園の先生」は、子どもの相手をするという意味では似ているのですが、その仕事の由来や内容はちょっと違います。また、そのため、それぞれ違う資格や免許……「保育士」あるいは「幼稚園教諭」が必要なのです。それぞれの資格・免許、そして仕事がどのように違うのかは、第1章で、保育士を中心に説明しています。子どもをケアする仕事のおおまかな姿とその意義がわかることでしょう。

　この「保育士」の資格を取ると、さまざまな職場で働くことが可能になります。保育園はもちろん、乳児院や児童養護施設、障害児のための施設、児童館……。その仕事内容はそれぞれ少しずつ異なり、ケアの対象や方法も職場によって違ってきます。保育士がどんな施設でどんな仕事をしているのかは、第2章に実例もまじえて載せています。ここを読めば、なぜ子どものケアをするのに「資格」を取らなくてはならないのか、単なる善意の「お世話」とは違う、保育士ならではの専門性が見えてくることでしょう。

　また、保育士にとっての職場が多様なだけに、その生活ぶり、待遇もさまざま。どういったスタイルで働くのか、泊まりこみはある

のか、といった点は仕事探しのうえで重要なポイントとなります。一生仕事を続けられるのか、やりがいはどうなのか、といったことも含めて詳しく知りたいのなら、第3章を読んでください。

　一方、読者のなかには、すでに保育園などでパートやボランティアとして働き、「資格をきちんと取って、もっと本格的に子どもたちとかかわりたい！」と考えている人もいることでしょう。すでに働いている人なら知っているとおり、保育士というのは、責任の重い仕事です。この資格を持つことで、今後仕事にどんな広がりが出てくるかについては、第4章で述べています。仕事の探し方など、資格の生かし方もわかります。

　第5章には、資格の取り方を載せています。養成校に通うのか、もしくは、独学で資格試験を受けるのか、どれを選ぶかはそれぞれのライフスタイルや考え方にもよります。あなたにもっとも適した方法を選んでください。

　この本を通じて、保育士という仕事の楽しさ、やりがいなどを、あなたなりに見出し、保育士の資格にチャレンジするきっかけとなれば幸いです。

この本を、自分にふさわしい仕事・職場探しに役立てて

プロローグ

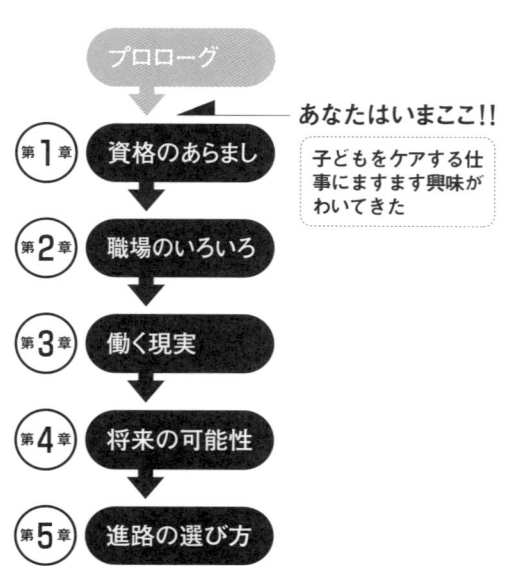

第1章

「保育士」は国家資格。子どもの健やかな育ちを助けます

子どもとともに過ごし、その健やかな成長を支える保育士。
その仕事内容も、子どもの保育に加えて親への支援など
より専門性が求められるようになってきています。
一見、豊かに見えるこの国で、子どもを取り巻く社会は
どのように変わり、子どもはどんなサポートを
必要としているのか……。いま一度、考えてみましょう。

第1章 1.
子どもの健やかな育ちには家族、そして社会のサポートが必要

●豊かな社会、でも子どもにとっては「？」

いまから4、50年前までは、子どもは祖父母、両親、たくさんの兄弟姉妹とともに暮らし、近所の大人にも見守られながら育ちました。近くの子どもたちと年齢にかかわりなく仲間となり、野山や原っぱ、路地などで自由に遊んでいました。

ところが、日本の高度経済成長を経て、そうした環境は激変します。核家族、一人っ子家庭が増加し、家族の姿も変わりました。都市化によって近所づきあいも少なくなりました。そのため、物質面では豊かになったものの、育児について相談する相手も少なく、子育てに悩む孤立した親の姿が目立つようになりました。

●「児童福祉法」が保障するすべての子どもの幸福

この国の子どもたちの幸福をどう保障していくか、その基本となる理念と施策、実施機関などを定めた法律があります。「児童福祉法」といい、1947年に制定されました。「すべて児童は、ひとしくその生活を保障され、愛護されなければならない」と定められ、「国及び地方公共団体は、児童の保護者とともに、児童を心身ともに健やかに育成する責任を負う」というように明記されています。

つまり、心身ともに健やかに育てられることは「すべての」子どもに保障されることで、その責任が保護者と国、地方公共団体にあるというわけです。そして、この原理は子どもに関する法制度では必ず尊重されることになっています。

これまで、子どもの育成の責任は、まずは保護者が負ってきました。それはおもに親です。そして、親のいない子ども、あるいは重い障害があって親だけでは育成できない子どもなどについて、諸施設、公的機関で世話をしてきました。

【福祉って何？】
A 日常生活上の社会的・経済的欲求、さらには文化的な欲求を含む幸福を追求すること。そして、それを社会的に支援すること。

児童
「児童福祉法」では満18歳に満たない子どものこと。さらに、満1歳に満たない子どもを乳児、満1歳から小学校入学前までを幼児、そのあと満18歳に達するまでを少年という。

第1章 「保育士」は国家資格。子どもの健やかな育ちを助けます

しかしながら、先に述べたような子育てしにくい環境は少子化を加速させ、社会のなりたちそのものを危うくしています。いま、「すべての」子どもに豊かな子ども時代を保障することが、社会全体の課題となっているのです。

●国の少子化対策が本格化

少子化がはっきり社会問題として認識されたのが、1990年の「1.57ショック」です。一人の女性が一生のうちに何人の子どもを生むかを示す合計特殊出生率が過去最低となったのです。

これを契機として、国の少子化対策が本格化します。1994年、「今後の子育て支援のための施策の基本的方向について(エンゼルプラン)」が発表され、その具体化のひとつとして「緊急保育対策等5か年事業」が策定されました。個々の家庭に任せてきた子育てを「社会的に支援する」という方針が明確に示されたのです。低年齢児受け入れ、延長保育、一時保育など多様な保育サービスの充実をはかろうとするもので、この方針は1999年の「重点的に推進すべき少子化対策の具体的実施計画について(新エンゼルプラン)」に引き継がれました。

こうした動きと並行して、1994年には「子どもの権利条約(児童の権利に関する条約)」(P.17参照)を批准。日本は世界から子ども観の転換も迫られることとなりました。そして、依然少子化の傾向は続きます。

危機感は強まり、2003年、議員立法で「少子化社会対策基本法」が制定・施行されました。全閣僚が参加する「少子化社会対策会議」も内閣府に設置されました。そして翌年発表の「少子化社会対策大綱」、「少子化社会対策大綱に基づく重点対策の具体的実施計画について(子ども・子育て応援プラン)」へといたります。

これ以降の、進行中の施策については第4章で改めて述べることにしましょう。

エンゼルプラン、新エンゼルプランの施策と目標値

	エンゼルプラン 1999年度目標値	2001年度実績	新エンゼルプラン 2004年度目標値
低年齢児受け入れの拡大	60万人	62.4万人	68万人
延長保育の推進	7,000か所	9,431か所	10,000か所
休日保育の推進		271か所	300か所
乳幼児健康支援一時預かりの推進	500か所	206市町村	500市町村
多機能保育所等の整備	1,500か所(5か年の累計)	291か所(累計779か所)	2,000か所
地域子育て支援センターの整備	3,000か所	1,791か所	3,000か所
一時保育の推進	3,000か所	3,068か所	3,000か所
ファミリー・サポート・センターの整備		193か所	180か所
放課後児童クラブの推進	9,000か所	9,873か所	11,500か所

(注) 関連部分のみ

放課後児童クラブ
保護者が共働きなどで昼間家にいない小学生を対象に、授業の終了後、児童厚生施設などで生活の場と遊びを提供するもの。学童クラブ(学童保育)が1998年から「放課後児童健全育成事業」として法制化された。

子どもの健やかな育ちには家族、そして社会のサポートが必要

第1章

2.
保育士は子どもの健やかな育ちを援助し、保護者を支援する専門職

●国家資格化で、より専門性と責任が求められるように

　保育士は、0〜18歳の子どもに食事、睡眠、排泄（はいせつ）など基本的生活習慣を身につけさせるとともに、遊びをとおして心身の健やかな発達をサポートする、という役割を担っています。これは、これまでも、また現在も変わらない、保育士の大切な役割です。それが、2003年11月施行の「児童福祉法」改正で、保育士は国家資格となり、「登録を受け、保育士の名称を用いて、専門的知識及び技術をもつて、児童の保育及び児童の保護者に対する保育に関する指導を行うことを業とする」者とあらためて規定されました。

　改正前の「児童福祉法施行令」の「児童福祉施設において、児童の保育に従事する」者という定義と比べると、その役割に保護者に対する子育て支援も含むようになったことがわかります。同時にこの改正で、保育士以外の人は「保育士」という名前や、これと紛らわしい名前を名乗ることはできなくなりました。保育士の信用失墜行為の禁止と、秘密保持義務も盛り込まれました。保育士には、これまで以上に高い専門性と責任が求められるようになったわけです。

　保育士の資格を取得するには、厚生労働大臣の指定する保育士養成学校・施設を卒業することと、都道府県知事の実施する保育士試験に合格することの2つの方法があります。

保育
乳幼児を養護し教育すること。同様のことでも家庭での「育児」に対して、特に保育所などでの場合に使う。保健衛生に気をつけて生命と健康を守り、教育的な働きかけで身体と知能、情緒の発達を助けること。

これまでの保育士資格取得者数とその方法

年度	取得者	養成学校・施設		保育士試験	
		取得者	割合	取得者	割合
	人	人	%	人	%
1949	4,229	50	1.2	4,179	98.8
1960	5,897	2,320	39.3	3,577	60.7
1970	27,367	17,892	65.4	9,475	34.6
1980	47,637	40,395	84.8	7,242	15.2
1990	35,808	33,088	92.4	2,720	7.6
2000	35,252	32,003	90.8	3,249	9.2
2012	48,318	38,592	79.9	9,726	20.1
累計	1,937,053	1,567,265	80.9	369,788	19.1

厚生労働省雇用均等・児童家庭局保育課調べ

第1章　「保育士」は国家資格。子どもの健やかな育ちを助けます

メモ

[「子どもの権利条約」では何が決められているの？]

①

answer
子どもを「権利を行使する主体的存在」として位置づけ

　「児童の権利に関する条約」、通称「子どもの権利条約」は、人権保護の課題を18歳未満の子どもに対してもあてはめ、国際条約化したものです。1989年に国連総会で採択され、日本も1994年に批准しました。

　それまで、1924年の「児童の権利に関するジュネーブ宣言」、1959年の「児童権利宣言」などで、子どもの「権利」は国際認識になってはいましたが、いずれも生存を守り最低限の文化生活を守るなど、保護し世話すべきものとしての子ども観によるものでした。「子どもの権利条約」はそこから一歩出て、子どもの「表現・情報の自由」「思想・良心・宗教の自由」「結社・集会の自由」「プライバシー・通信・名誉の保護」「休息・余暇、遊び、文化的・芸術的生活への参加」などを保障することも明記されています。

　こうした観点は、それまでの日本の福祉行政では「保護」の名目のもと、ややもすればないがしろにされがちでした。

　1998年、国連子どもの権利委員会は、「子どもの権利条約」に照らして日本で改善すべき点について「提案および勧告」を出しました。家庭・学校・その他の施設において「子どものプライバシーの権利を守れ」、「学校・施設・家庭における虐待・暴力・体罰・いじめを防止せよ」「障害児の教育へのアクセスと社会参加を奨励せよ」というものです。この勧告は、子どもの権利を保障するための最先端の見解として尊重することが求められています。

　また、これは児童福祉施設で働く保育士にも無縁ではなく、保育のあり方について発想の転換を迫ることになりました。

保育士は子どもの健やかな育ちを援助し、保護者を支援する専門職／メモ①

第1章

3.
幼稚園の「せんせい」とはどう違うの?

●幼稚園と保育所の違いを知って

　ひょっとすると、この本の読者のなかには、幼稚園の「せんせい」と保育園（保育所）の「せんせい」を混同したままの人がいるのではないでしょうか？

　確かに、「幼稚園」と「保育所」では、ともに小学校就学前の小さな子どもが通い、毎日を楽しく過ごしています。ちょっと園庭をのぞいたくらいでは、その違いがわからないかもしれません。「名前が違うだけじゃないの？」と思っていた人がいたとしても不思議ではありません。

　実は、このふたつ、教育機関と福祉施設という、大きな違いがあるのです。ですから、現場では「せんせい」と同じように呼ばれていても、働くために必要な資格・免許は別です。あなたがめざす学校によっては、どちらも取得できるところもあれば、どちらかしか取得できないところもあります。ですから、まずはその違いをきちんと知っておいて、自分がどちらで働きたいのか、どちらの資格・免許を取得すればいいのか、よく考えておくことが大事です。

●幼稚園は文部科学省が管轄する教育機関

　幼稚園は、「学校教育法」に基づく教育機関のひとつで、文部科学省が管轄しています。そこで働く「せんせい」は、正式には「幼稚園教諭」といいます。2013年5月現在、全国には幼稚園が1万3043か所あり、11万1111人の教員がいます。

　幼稚園教諭は、子どもたちが遊びを通して、基本的な生活習慣や健全な心身、人間関係や道徳心、自然などへの興味や思考力、言葉による表現力、そして創造性をはぐくむことができるよう、サポートするのが役目です。気をつけたいのが、

第1章 「保育士」は国家資格。子どもの健やかな育ちを助けます

保育所／保育園
法的には「保育所」。個別の名称としては「○○保育園」となっていることも多い。

学校教育法
教育基本法に基づき、各種の学校に関する規定を、法律として制定したもの。

お絵かきやお遊戯などをクラス全員に一斉指導することが主たる目的ではないこと。あくまでも子どもが主体的に活動できるよう、一人ひとりを理解し、計画的に環境を整えるのが役目です。こうした幼稚園教育の基本は、文部科学省による「幼稚園教育要領」に示されています。

ただし、幼稚園は小・中学校のような義務教育機関ではありません。子どもを通わせるかどうかは、保護者の意思しだい。保護者のニーズにこたえるために、「英語を教える」「音楽教育に力を入れる」「どろんこ・はだし教育」「ヨーロッパで提唱された教育法を導入」といった独自の教育方針を打ち出す私立園が数多くあります。ですから、幼稚園教諭が現場でどのような幼児教育を展開するかは、働く園によって大きく異なってくる可能性があります。

● 原則として1日4時間、夏休みや冬休みも…

幼稚園の教育の対象となるのは、3〜5歳の子ども。この年ごろの子どもたちに無理がないよう、4時間保育（教育）が原則となっています。また、小・中学校と同様、夏休み、冬休みなどの長期休暇があります。

もっとも、この保育（教育）時間は、働く母親の増加により、変わっていくでしょう（詳しく

幼稚園と保育所の違い

	幼稚園	保育所
管轄	文部科学省	厚生労働省
法的根拠	学校教育法	児童福祉法
施設の性格	学校	児童福祉施設
目的	幼児を保育し、適当な環境を与えて、心身の発達を助長すること	日々保護者の委託を受けて、保育に欠ける乳児または幼児を保育すること
対象児	満3歳から小学校就学の始期に達するまでの児童	0歳から小学校就学の始期に達するまでの児童
保育（教育）時間	4時間を標準とする	8時間を原則とする
保育（教育）担当職員	幼稚園教諭	保育士
配置基準	1学級35人以下	対象児：保育士の配置 0歳→3：1 1・2歳→6：1 3歳→20：1 4・5歳→30：1
保育料	公立は市町村ごとに設定　私立は幼稚園ごとに設定	所得に応じて市町村が設定
入所における契約形態	幼稚園設置者と保護者の契約	希望する園を保護者が選んで市町村と保護者の契約

幼稚園教育要領
幼稚園の教育の基本方針を示したもの。現在使われているのは2009年4月より施行。保育所で使われる「保育所保育指針」は、この幼稚園教育要領の内容もふまえており、現行のものはやはり2009年4月より施行。

幼稚園の「せんせい」とはどう違うの？

は第4章を参照)。今後は、保育所同様、長時間保育が増え、幼稚園教諭の勤務体制も変わってくることでしょう。

ちなみに、幼稚園教諭の免許は、大学や短大などの養成機関で、幼児教育に関する専門知識と技術を身につけて取得します。おおまかに分類すると、4年制大学で取得した場合は「幼稚園教諭一種免許状」、2年以上、短大や専門学校で学び取得した場合は「幼稚園教諭二種免許状」となります。

●保育所は厚生労働省が管轄する福祉施設

一方、保育所は、「児童福祉法」に基づく児童福祉施設のひとつで、厚生労働省が管轄しています。そこで働いている「せんせい」は、「保育士」といいます。2012年10月現在、全国の2万2720か所の保育所に、31万3299人の保育士がいます。

保育所は幼稚園のような教育機関とは異なり、「子どもの生活の場」という位置づけです。保育所は、保護者が共働きであるなど何らかの理由で、日中、保育をしてくれる人がいない状態にある子どもを保育するからです。保護者が迎えにくるまで、8時間以上の長時間保育になることもめずらしくありません。また、保育所では「午睡(お昼寝)」「おやつ」の時間を設けて、子どもの心身に負担がかからないよう、なるべく家庭にいるような状態で過ごせるよう配慮しています。

一方で、「わが子にもきちんと幼児教育を受けさせたい」という親の気持ちは当然ですから、幼稚園に通う子どもと差のつくことのないよう、養護と教育が一体となった保育は行われています。その保育内容は「保育所保育指針」によります。

幼稚園教諭ともっとも異なるのは、ケアする対象が幅広いこと。保育所なら0〜6歳の乳幼児が対象ですし、そのほかの福祉施設では18歳までの青少年が対象となることもあります。また、障害のある子どものケアをすることもあります。

●幼保一体化の動きもみられる

現在、保育所と幼稚園の区別をなくそうという「幼保一体化」(P.87参照)の動きがあり、保護者の働き方に関係なく子どもをあずけられる制度をつくろうという構想が生まれつつあります。こうした動きにともなって、幼稚園教諭と保育士の資格のあり方も、いずれ変わってくるのかもしれません。

保育所保育指針
(P.30参照)

メモ

[保育所と幼稚園、その起こりは?]

②

answer
保育所は働く母親のために登場した託児所

　日本で保育所がつくられたのは、明治時代のことです。1890年、新潟市に赤沢鍾美が、子守りをする貧困家庭の子どもも教育を受けられるよう、幼児をあずかるスペースを設け、託児所としたのが最初だといわれています。その後、各地で農村や工場で働く女性のために、私設の託児所がつくられました。公立の託児所はその約30年後、1919年に救貧の目的などでつくられています。

　託児所が「保育所」として法的な地位を与えられたのは、戦後、1947年に「児童福祉法」が制定されてから。保育所で働くには「保母」資格が必要となり、1949年には最初の保母試験が行われています。その後、保母の名称は、男性保育者（通称「保父」）の増加もあり、1997年、「児童福祉法」の改正によって「保育士」と変えられ、現在にいたっています。

　一方、幼稚園が創設されたのは1876年。ドイツの教育家フレーベルが提唱する「キンダーガルテン（子どもの花園）」の思想を実践するべく、東京女子師範学校附属幼稚園が誕生しました。貧しさから学校に通うことさえできない子どもが多かった当時、幼稚園は、上流階級の子どもにしか通えない場所でした。その後、幼児教育の研究者などによって、就学前教育の必要性が訴え続けられ、一般家庭の子どもでも通える私立幼稚園が増加しました。

　戦後、1947年に制定された「学校教育法」により、幼稚園は教育機関のひとつとして法的に位置づけられました。それと同時にそれまで「幼稚園令」により「保姆」とされていた資格は、「幼稚園教諭」の名称に変えられました。

〈インタビュー1〉

主任保育士にきく

これからの保育士に必要なのは「社会性」

話をきいた人● 栗崎 久美子さん（1961年生まれ）

──「子どもが好きだから」と、保育士をめざす人が多いようです。

　もちろん保育士になるには、「子ども好き」であることが前提です。ただし、それだけではだめ。保育園をはじめとする福祉施設というのは、単に快適で楽しいだけの場所ではなくて、子どもにとって「生活の場」でなくてはなりません。そこでの保育士の役目は、子どもがその子らしく成長できるような環境を整えること。保育のプロなら、一人ひとりの成長をとらえ、それに合わせたステージを提供しなくてはなりません。それには、子どもの成長に関する「知識」が必要ですし、それをもとに子どもの成長を「見通す力」も必要となります。

──楽しくいっしょに遊ぶだけが仕事ではない、と。

　生活の場では、病気やけが、トラブルなど、いろいろなことが起きますよね？ そんなときに「子どもが好き」という一方的な思い込みだけで対処しても、「思いどおりにならない！」と行き詰まってしまうもの。プロの保育士なら、その問題が子どもにとって、保護者にとって、園にとって何を意味するのかふまえて、的確に対応しなくてはなりません。

　たとえば、保護者から子育てのことで相談を受けたとします。このとき、子どもの発達に関する知識やノウハウを提供するのも大事なのですが、と同時に、相談してきた母親の本音を見極めることも必要です。実は、その母親は孤立した状態で育児をしていて、相談相手や仲間を求めているのかもしれません。そういう

場合は、ノウハウ提供よりも母親の仲間づくりに手を貸すほうが、母親の悩みが解消でき、そのことで子どもも気持ちよく過ごせるようになることもあります。

　また、子どもを保育園にあずけている保護者は、その間「何をして過ごしているんだろう」「泣いていないかしら」と不安になっているもの。だから、送り迎え時に応対する保育士がいいかげんだと、保護者は保育園全体に不信感を抱きます。保育士には園の「顔」として、園の情報を上手に「伝える力」が求められます。

——**子どもだけでなく、その親とのやりとりも仕事のうちなのですか。**

　保育園には、地域の「子育て支援」という役割も求められるようになってきていますから、園児の保護者だけでなく、地域の親の電話相談に応じる、といった仕事も出てくるでしょう。また、保育士は、幼い園児から保護者、職場の同僚などあらゆる年齢層の人とかかわれる力、「社会性」も求められます。採用する立場からいえば、何よりもこの社会性を重視します。

　また、あらゆる人と気持ちよくかかわるには、いつも自分の心身をコントロールできなくてはなりません。体のコンディションが少々よくなくても、私生活でどんなにいやなことがあっても、職場につけば笑顔で「おはよう」とあいさつができる。簡単そうだけど、これがむずかしいんですよね。

——**これから保育士をめざす人に、学習・経験してほしいことは。**

　ピアノ、手遊びといった技術を覚えるだけでなく、自分自身の感動や達成感が得られるような体験をいっぱいしてください。生活経験、読書、音楽、旅行、なんでもいいんです。それが子どもの自発性を大切にする保育につながります。

　また、学校の実習だけでなく、ボランティアなどで保育の現場に何度も足を運ぶことです。保育の現場の裏側もよく見えますし、自分の「保育観」をつくるのに役立ちます。私立保育園なら、ボランティアでの働きぶりが採用につながる可能性もあります。

　そして職場を選ぶとき大事なことは、その施設の保育理念や設立の経緯をしっかり理解すること。少子化が進めば、保育園間の競争も激しくなり、各保育園も「選ばれる」ために特色をいろいろ出してきます。自分の保育観とマッチした保育園を選んでほしいですね。

　　　　　　　　　　　　　　　　　　　　　　　　　（取材は2000年5月）

くりさき　くみこさん
1981年白梅学園短期大学保育科卒業、保育士資格・幼稚園教諭二種免許状を取得し茶々保育園に。92年出産のため退職。96年復職。2000年より主任保育士に。

第1章

4. 特に居住型の入所施設で働く際に身につけておきたい資質は

●何より心身がタフであること

　第2章で詳しく説明しますが、保育士の職場には、親元で生活できない子どものための入所施設があります。そこで行う保育の基本的な理念は、保育所のものと同じなのですが、具体的な仕事内容や勤務形態には違いがあります。そのため、入所施設ならではの、必要な資質、または技術があります。

　たとえば、夜勤や宿直があるなど不定型の勤務形態に順応する、思春期の子どもの心と向かい合う、心身の障害、問題行動などがあっても、子どものあるがままを受容する、子どもを虐待する親の心に寄り添う。これらに対応するために、入所施設で働く保育士には、保育所保育士とは違った意味での心身のタフさが求められます。

●日常生活技術は不可欠

　子どもたちはそこに住んでいるわけですから、職員が衣食住すべての世話をします。特に児童養護施設（P.28参照）や児童自立支援施設（P.29参照）では、買い物をして家庭料理を作ったり、洗濯をしたり、取れたボタンをつけたり、トイレを掃除したり……、そういう生活技術が求められることもしばしばあるのです。

●施設に応じた専門知識・技術も

　入所施設では、心身の障害、問題行動、強い個性、複雑な家庭環境といった事情のある子どもをケアすることになります。そのため、心理学的治療についての理解、児童相談所や学校との連携、障害への理解と適切な援助、親子関係修復のための援助技術など、保育プラスαの、専門的な知識・技術が求められます。

入所施設
居住型施設とも。つまり、心身の障害や家庭環境などの理由で在宅生活ができない人がそこに住んで、生活全般にわたるサービスを受ける施設。これに対し、利用者が必要に応じて通ってくる施設を通所施設という。

受容
（P.70参照）

児童相談所
（P.37参照）

●第1章

保育士の仕事について、おさらいしてみましょう

Step1 次にあげる項目のなかで、保育士の仕事や資格について正しいと思うものに○をつけてみましょう。

1. (　) 保育所では、保育士は子どもの世話だけします。
2. (　) 子どもの発達や児童福祉に関する専門知識が必要です。
3. (　) 保育士の資格は、保育士試験に合格すれば取得できます。
4. (　) 保育士の資格があれば、幼稚園でも働くことができます。
5. (　) 保育所は8時間の保育時間が原則となっています。
6. (　) 保育士は職場によって、夜勤や宿直もあります。

Step2 あなたは保育士の仕事や資格について、どのくらい理解していましたか？　(○正しい　△不正確　×誤り)

1. (×) 保育士は、保護者からの子育ての相談にのるなど、保護者に対するケアも大切な仕事です。特に最近、保育所には、地域での子育て支援の役割も求められてきています。
2. (○) 子ども一人ひとりの状況や成長に合わせた保育が求められるため、専門的な知識も必要です。
3. (△) 保育士となる資格を取得するには、もうひとつ、保育士養成のための学校を卒業する方法があります。
4. (×) 保育士は「保育士資格」、幼稚園教諭は「幼稚園教諭免許状」をそれぞれ取得する必要があります。
5. (○) 原則は8時間です。ただし保護者の労働時間などに合わせ、8時間以上の長時間保育もめずらしくありません。
6. (○) 子どもたちがそこに住む、児童養護施設などの入所施設では、夜勤や宿直などの勤務もあります。

特に居住型の入所施設で働く際に身につけておきたい資質は／立ち止まってチェック！

```
プロローグ
   ↓
第1章 資格のあらまし
   ↓ ◁── あなたはいまここ!!
第2章 職場のいろいろ     保育士の仕事、資格
   ↓                    の意義がわかった
第3章 働く現実
   ↓
第4章 将来の可能性
   ↓
第5章 進路の選び方
```

第2章
資格を生かす職場はおもに児童福祉の分野です

保育士、といえば職場は「保育所」というイメージがあります。しかし、実際にはさまざまに活躍できる職場があります。乳児院、児童養護施設、障害者のための施設、児童館……。仕事の対象も幼児にかぎらず、幅広い年齢層の利用者をケアしています。本章では、保育士がどんな職場でどんな仕事をしているのか紹介します。

第2章

1. 保育士が活躍する「児童福祉施設」について知りましょう

●対象と役割の違いで14種類

第1章でも説明したとおり、保育士は「児童福祉法」で「児童の保育及び児童の保護者に対する保育に関する指導を行うことを業とする」者とされています。その職場として代表的なのが「児童福祉施設」です。次のような施設があります。

1 保育に欠ける子どものための通所施設

【保育所】保護者が就労、あるいは病気などの事情を持つ、0歳から小学校入学前までの子どもを保育します。第2章2.で詳述。

2 子どもに生活の場を提供する入所施設

【乳児院】乳児（特に必要のある場合幼児を含む）を入院させて養育、また退院後の相談その他の援助を行う施設です。第2章3.で詳述。

【児童養護施設】保護者がいない、虐待されているなど、養護環境上に問題のある子ども（乳児は除く。ただし特に必要がある場合乳児を含む）を入所させて養護し、退所後の相談その他自立を支援するための施設です。第2章3.で詳述。

3 障害のある子どものための施設

【知的障害児施設】【知的障害児通園施設】【盲ろうあ児施設】【肢体不自由児施設】【重症心身障害児施設】知的障害または身体障害のある子どもを入所または通所させて、保護するとともに、独立した生活をするために必要な知識、技能を学ばせます。第2章4.で詳述。

4 子どもに遊びの場を提供する施設

【児童厚生施設】児童遊園、児童館など。子どもに健全な遊びを与えることで健

第2章 資格を生かす職場はおもに児童福祉の分野です

【「保育に欠ける」って？】

A 「児童福祉法」の保育または、保育所を規定する条文にある言葉。第2章2.で詳述（法改正に伴い、「保育に欠ける」という文言は変更される見込み）。

通所施設
（P.24「入所施設」参照）

養護
生命の危険を防ぎ、保護して育てること。

康を増進し、情操を豊かにすることを目的とします。

5　配偶者のいない女性とその子どものための施設
【母子生活支援施設】配偶者のいない女性とその子どもを入所させ、保護するとともにその生活と自立を支援、また退所後の相談その他の援助を行う施設です。

6　行動（情緒行動面）に問題のある子どものための施設
【情緒障害児短期治療施設】軽度の情緒障害児のための施設で、短期間入所または通所させて、治療や、退所後は相談その他の援助を行います。

【児童自立支援施設】不良行為をなす、またはそのおそれのある子どもや、家庭環境などの理由から生活指導の必要のある子どもを入所または通所させて、必要な指導を行い、自立を支援、また退所後の相談その他の援助を行う施設です。

　以上の施設のほか、児童福祉施設には、助産施設と児童家庭支援センターがあります（14種類）。

●保育士を置くよう定められているのは…
　各施設の設備や配置する職員については「児童福祉施設の設備及び運営に関する基準」で規定されています。職員配置の最低基準として「保育士」を置くよう定められているのは、保育所や児童養護施設のほか、障害のある子どものための施設となっています。乳児院も、看護師の代わりに保育士または児童指導員（P.74参照）を置いてもよいとされています。あくまで「最低」の基準なので、実際にはこの基準以上の職員配置になっていることが多く、事実、保育士はこれらの施設にかぎらず、多くの施設で活躍しています。

　また、保育士資格があることで、その施設固有の職員（法的に、その施設の職員を呼ぶ名前）として働くことができる施設もあります。詳しい説明は次ページ以降で行いましょう。

保育士養成校卒業（資格取得）者の就職先

2012年4月

	人	％
保育所	19,951	51.7
幼稚園	8,363	21.7
児童福祉施設*1	1,368	3.5
児童事業*2	792	2.1
知的障害者施設	1,062	2.8
身体障害者施設	194	0.5
老人施設	361	0.9
その他	6,501	16.8
総数	38,592	100.0

＊1　保育所以外の児童福祉施設と児童相談所の一時保護施設。
＊2　児童福祉施設以外の児童福祉事業と児童関連事業を行う施設（へき地保育所など）における事業。

厚生労働省雇用均等・児童家庭局保育課調べ

児童家庭支援センター
児童相談所と連携し、子どもに関するきめ細やかな相談助言を行う、児童福祉施設。乳児院や児童養護施設などに設けられることになっている。

2. 保育士の就職先No.1 保育所ってどんなところ?

●日々通ってくる子どもを日中あずかります

　保育所では、第2章1.で述べたとおり、「保育に欠ける」0歳から小学校入学前の子どもを保育します。「保育に欠ける」とは、保護者のいずれもが、①昼間働いている、②妊娠中または、出産後間がない、③病気にかかっていたり、負傷している、④精神や身体に障害がある、⑤同居の親族を常時介護している、⑥震災、風水害、火災その他の災害の復旧にあたっている……などの理由によって、子どもを保育することができない状態をいいます。

　子どもを保育する時間は、原則として開所時間11時間のうちの8時間です。子どもの生活時間の多くを占めるため、保育所では、「遊び」（教育）だけでなく、家庭同様の環境で過ごせるよう、食事、おやつ、午睡（お昼寝）といった「生活」（養護）が1日のタイムスケジュールに組まれています。

　この「養護」の面では、子どもの情緒の安定をはかり、食事や排泄、睡眠、衣服の着替えなどの世話はもちろん、そうした生活習慣を子どもが身につけるよう働きかけます。「教育」の面では、子どもの年齢にふさわしい発達をサポートできるよう、身体を使った遊びや感性を育てる遊びなどができる環境を提供します。

●国の基準に従いつつ、保育プランを用意して

　保育所で具体的にどんな養護をし、どんな教育を行うか、それを示しているのが、第2章1.で述べた「児童福祉施設の設備及び運営に関する基準」であり、保育の指針（ガイドライン）として作られた「保育所保育指針」です。

　「児童福祉施設の設備及び運営に関する基準」では、保育士の数は、乳児3人に

保育所保育指針
厚生労働省が告示として示す保育所の保育内容のガイドライン。基本方針、各年齢（発達過程区分）ごとの保育実践のねらいや内容、保育課程作成上および健康・安全に関する留意事項などが記されている。

社会福祉法人
　「社会福祉法」の定めにより、社会福祉事業を行うために設立された法人。福祉サービスを安定して供給するために、事業内容や収益の使い道に制限がある。

つき1人以上、満1歳以上満3歳未満の幼児6人につき1人以上、満3歳以上満4歳未満の幼児20人につき1人以上、満4歳以上の幼児30人につき1人以上配置するように定められています。ただし、1つの保育所につき2人を下ることはできない、と規定されています。保育所には、保育士のほか嘱託医、調理員の配置が定められています。また、看護師を置くところもあります。なお、これらの基準は、認定こども園（P.88参照）である保育所では少々異なります。

それぞれの保育所では「保育所保育指針」をもとに保育課程を作成し、さらに細かい指導計画を立案します。こうしたプラン作成も保育士の仕事のひとつです。

●保護者に対する支援や地域の子育て支援も行う

保育所の役割は、子どもの養護・教育だけではありません。「保育所保育指針」では、在籍児の保護者に対するサポート、さらには地域の子育て家庭に対するサポートも行うよう求めています。これは、子育てに不安や悩みを抱える保護者が増え、養育力の低下や児童虐待の増加が懸念されていることをふまえたものです。

在籍児の保護者に対しては、ふだんから密接にかかわりを持ち、育児不安などが見られる場合は相談にのります。虐待（P.89参照）や不適切な養育などが疑われる場合は、関係機関と連携して適切な対応を行います。

地域の子育て支援としては、施設の一部を子育て支援拠点として地域に開放、子育てに関する相談、一時預かり（P.78参照）などが行われています。

●認可／認可外、公立／私立…設置主体による違いも

保育所には、厚生労働省の定める設置基準を満たして認められた「認可保育所」と、認可を受けていない、多くは基準に満たない小規模の「認可外（無認可）保育所」があります。認可保育所には、地方自治体が設置する「公立」と、社会福祉法人などが設置する「私立」があり、いずれも原則的には保育料に加え公費で運営されています。

認可外保育所には、事業所内保育所、ベビーホテルなどがあります。

保育所と在籍する子どもの数

2012年10月1日現在

保育所数	公 営	9,578
	私 営	13,142
	計	22,720
定員の合計		2,148,953
在籍児数	公 営	833,194
	私 営	1,354,374
	計	2,187,568
年齢別	0歳児	52,668
	1・2歳児	613,186
	3歳児	412,884
	4歳以上児	1,107,197
	不詳	1,633
	計	2,187,568

厚生労働省「社会福祉施設等調査」による

保育士の就職先No.1　保育所ってどんなところ？

ルポ❶

取材先◎茶々保育園
職種◎私立保育所の保育士

子どもを相手に、すべては信頼関係を築くところから始まる

独自の保育プログラムに沿って

　10：30、茶々保育園のホールに「あおぞら組」（4歳児クラス）の子どもたちが集まり、マットの前で整列している。「はい、今日はみんなで何をするのかなー？」という体操の先生のかけ声に、子どもたちは「でんぐりがえりー！」と元気よく声をそろえる。今日の目標は、2人ずつ肩を組んでいっしょに前転する、というもの。なかなかむずかしそうだが、子どもたちは体操の先生のたくみな指導によって、次々とクリアしていく。

　茶々保育園には、私立園ならではの独自の保育プログラムがあり、週に1回体操の指導者を、月に3回造形の指導者を招いている。また地元の自然環境に詳しい指導者には、月に1回、年長児の自然散策の引率を依頼。「保育士が子どもの保育をすべてやろうと気負わず、いろいろな方に気軽に力を借りよう」というのが園の方針なのだ。

　さて、あおぞら組の担任保育士である木村悟士さんは、列からはみ出してしまった子を「入れてあげて」と、ほかの子に声をかけたり、まだ集団行動に慣れず泣いている子に寄り添って声をかけたりと、子どもたちが体操に取り組めるよう動きまわっている。

紙芝居で、遊びの気持ちに一区切り。

第2章　資格を生かす職場はおもに児童福祉の分野です

なかには、大好きな「さとしくん」(子どもたちによる、木村さんの愛称)の気を引きたくて、何度も列から離れる子もいて、そのたびに木村さんは子どもを追いかけては連れ戻している。

●追いかけた人

木村悟士（きむらさとし）さん／1976年生まれ。2000年日本社会事業大学社会福祉学部福祉援助学科卒業、保育士資格を取得。卒業と同時に、茶々保育園に就職。4歳児20人の担任となる。

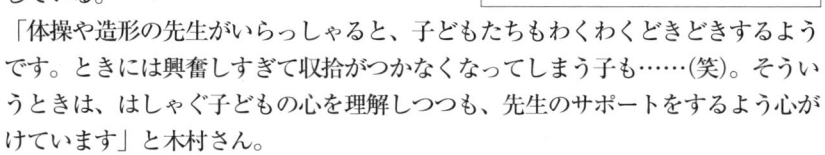

「体操や造形の先生がいらっしゃると、子どもたちもわくわくどきどきするようです。ときには興奮しすぎて収拾がつかなくなってしまう子も……(笑)。そういうときは、はしゃぐ子どもの心を理解しつつも、先生のサポートをするよう心がけています」と木村さん。

信頼なしに気持ちは伝わらないと気づき始めた

11：00すぎ、体操が終わると、子どもたちは着替えをすませ、テラスへ。ここで昼食前に紙芝居を読み聞かせて、体操の興奮に区切りをつけることが目的だ。しかし、「みんな集まってー！」という木村さんの声かけに、体操の興奮が冷めやらぬ子どもたちはなかなか集まってこない。1人座ったかと思うと、1人駆け出していく、10分以上、その繰り返し。

子どもたちのあまりの興奮ぶりに、ようすを見ていた主任保育士の栗崎久美子（くりさきくみこ）さん（P.22参照）が代わって声をかけ、どうにか全員集合、座ることができた。

実は木村さん、保育士になって1か月たったばかり。着任早々20名の4歳児を一人で担当することになったのだが、いくら資格を持っていても、いざ現場で子どもとかかわると、教科書どおりにいかず、とまどうことも多い。こうして先輩保育士の力を借りることもあるというわけだ。

主任の栗崎さんによる手遊びで子どもたちが落ち着き、再び木村さんにバトンタッチ。木村さんが紙芝居を読み始めると、子どもたちはさっきまでの騒ぎがうそのように紙芝居の世界に引き込まれ、長い話にも真剣に聞き入っていた。

こんなとき木村さんが感じるのは、「子どもは、ただ上から押さえつけても言うことを聞いてはくれない。きちんと信頼関係をつくって、そのうえで子どもに自分の気持ちを伝えることが大事」だということ。

「4月にここへ来たばかりのころは、それさえわからなくて、毎日が格闘。もう

社会福祉法人あすみ福祉会茶々保育園●DATA
1979年開設。早くから障害児・乳児保育や延長・休日保育サービスなどに取り組む。95年には一時保育など地域の子育て支援事業を開始。独立した建物、事業部で本格的に運営している。現在、保育士は園児（0～5歳児）計109人に23人、「茶々子育て支援総合センター子育て工房Do, Do, Do!」に5人。

口では言い表せないほど（笑）。それが日々の積み重ねで、"さとしくーん"と子どもたちが笑顔で寄ってきてくれるようになって、少しずつ受け入れられてきたかな、と感じているところです。今後も、子どもたちと自分の心の距離を、もっともっと近づけたい」。

心を把握するにはまだまだ、かな…

紙芝居が終わると、いよいよランチタイム。茶々保育園では、3歳以上の子どもは、バイキング形式で食べることになっている。自分で食べたい量を判断し、ごはんやおかずを盛りつけ、料理が温かいうちに食べる、というものだ。小さな子どもがなべからカレーを盛りつける手元は危なっかしく、「いっそ大人が盛りつけて配膳したほうが合理的では」と思えるかもしれない。でも、これも自立心や生活技術を養う試みのひとつ。子ども一人ひとりの力量に応じて危なくない程度に力を貸して、子どもの盛りつけを根気よく見守るのが保育士の役目だ。

かといって、1人の盛りつけだけに気をとられているわけにはいかない。部屋全体の子どもたちのようすにも気を配っていなくてはならないのだ。列を作っている子どもたちの間でけんかが始まれば仲裁に入り、子どもの盛りつけの気配をキャッチしつつけんかの当事者の言い分を聞き……と、忙しい。

「いつもアンテナを張って子どもたちの動きを把握する、ということに関しては、かなり慣れてきました。ただ、子どもに自分の気持ちを伝える、子どもの気持ちを聞く、といった心の把握となるとまだむずかしい。3、4歳ではまだ言葉もつたないですから、けんかの経過を聞き取るのもひと苦労です」。

保護者にも早く信頼してもらえるよう…

食事が終わると、着替え、そして区切りとして紙芝居の読み聞かせ。13：00にようやくお昼寝となった。外遊びが始まる15：00まで、1日のなかで唯一、子どもから目を離せる時間だが、ゆっくり休憩できるわけではない。この時間を使って、保育士同士の話し合い、連絡帳の記入、掃除、遊び道具の製作などの仕事に追われる。

手伝いたいけど、子どもの盛りつけを見守る。

第2章　資格を生かす職場はおもに児童福祉の分野です

「職場では数少ない男性、ということで大工や力仕事を頼まれることもありますが、実はそういうの苦手なんですよね」と頭をかく。「保育に関して、男性ならではの遊び方を期待されるのはうれしいのですが」。

15：00にお昼寝が終わると、保護者が1人、2人と子どもを迎えにくる。そのときの応対も、保育士にとっては大事な仕事だ。その日あったできごと、健康状態などを伝える。働く保護者が安心してわが子を保育園にあずけられるよう、朝夕の短いやりとりを通じて、保護者との信頼関係を築かなくてはならない。

「まだまだ新人なので、"この人にあずけて大丈夫かしら"というような不安な表情をなさる親御さんもいらっしゃいます。何かあってもほかの先生に相談なさったり、相談してもらえてもこちらがその場ですぐに答えられなかったり……。早く信頼してもらえるよう、がんばります」。

人と、地域とかかわる仕事へと幅を広げていきたい

木村さんは、中高生のころから障害児サークルや児童館でのボランティアに取り組み、地域活動や子育てに対して関心が強かった。就職活動では「地域の子育て支援にも力を入れている」という評判の高かった茶々保育園を見学した。茶々保育園では、1995年から子育て支援事業を本格的に実施、「茶々子育て支援総合センター　子育て工房Do, Do, Do！」にて、一時保育や異年齢、異世代交流などを行っている。その取り組みや、家庭的で温かみのある園舎の内装などに、自分の保育への思いと一致するものを感じて、ここを志望した。

保育園側も「木村さんは保育だけでなく、地域社会のことなど、保育プラスαに関心があり、勉強していた」ことが採用の決め手となったという。

木村さんは、保育士をめざす人にこんなアドバイスをくれた。「学校で学ぶことは、あくまでも理論・理想。現実とはギャップがあります。だから、勉強ももちろん大事ですが、遊びやボランティア、アルバイトなど、どんなきっかけでもかまわないから、子どもと接し、人とのかかわりや出会いを学んでください」。

自身の将来については、「ゆくゆくは、子育て支援総合センターでの地域活動にもかかわっていきたいですね。そのためにも、いずれは社会福祉士の資格を取って、仕事の幅を広げていきたい」と語ってくれた。

（取材は2000年5月）

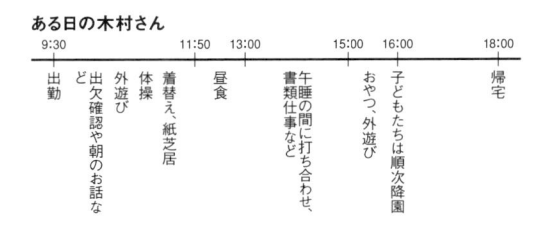

ある日の木村さん

9:30	出勤
	着替え、紙芝居体操外遊びなど出欠確認や朝のお話
11:50	昼食
13:00	午睡の間に打ち合わせ、書類仕事など
15:00	おやつ、外遊び
16:00	子どもたちは順次降園
18:00	帰宅

第2章

3. 子どもの生活をまるごとケアする乳児院、児童養護施設では

●家庭での養育を受けられない子どもが相手

　乳児院、児童養護施設は、保護者の事情によって家庭での養育を受けられない子どもを対象とした入所施設です。原則として、乳児院は乳児つまり1歳未満の子ども、児童養護施設は1～18歳の子どもが入所します。

　子どもたちは、施設で寝起きし、施設から学校などに通います。保育士は、看護師や児童指導員（P.74参照）などとともに、施設で子どもたちの衣食住に関する世話、生活習慣習得のための指導、心のケア、学習や余暇の指導、進路・就職相談など、子どもの発達全般にかかわっていきます。また、24時間常に子どもを支えるためにチームを組んで働き、泊まり込みの勤務や土・日曜日、祝日の勤務もあります。直接世話をする職員の数は、乳児院は看護師（一部は児童指導員または保育士でも）を乳児1.6人につき1人以上で最低7人、児童養護施設の場合は、児童指導員または保育士を、3歳未満の幼児2人につき1人以上、3歳以上の幼児4人につき1人以上、少年5.5人につき1人以上とされています。

●多様な援助を展開

　乳児院や児童養護施設へ入所する理由は、保護者の行方不明、別居・離婚、死亡、心身の病気、次子の出産などがあります。また最近では、保護者の養育拒否、遺棄（置き去り・捨て子）、虐待といった理由も増えています。

　施設の保育士は、入所した子どもが適切なケアを受けることができるよう、場合によっては、児童相談所や子どもの通う学校などと連絡をとり合うこともします。また、保育士には、子どもと直接向き合うだけでなく、その保護者の心のケ

乳児
1歳未満の子どもをいう。したがって、乳児院は、厳密には1歳未満が対象だが、保健上その他の理由で必要がある場合には幼児も含める。

ソーシャルワーク
福祉サービスの提供にあたり、おもに利用者に対して援助者が用いる理論や技法。

アにもかかわるなど、ソーシャルワーク的な仕事も求められます。複雑な家庭環境を背景にして入所した子どもに対しては、身のまわりのケアだけではない、多面的かつ総合的なケアが要求されるのです。

● 一人ひとりに、より細やかなケアを

　保育士の仕事をシステム面から見ても、変化が出てきています。1970年代までは、大きな建物に大人数の子どもを集め、厳しい規則で管理するような、対象を集団にしての援助が可能でした。しかし、子どもの抱える問題が多様化し、同時に子どものQOL（クオリティ・オブ・ライフ＝生活の質）の向上が求められるようになって、集団的援助では対処しきれなくなってきています。

　そこで最近では個別援助、家庭的援助をめざし、施設のハード面、ソフト面が見直されるようになっています。たとえば、ハード面では、宿舎を大舎制（一つの大きな建物の中で子どもが集団生活を送る）から、グループホームなどの小舎制（一戸建てくらいの大きさの建物で数人の子どもが家庭的な雰囲気で生活）にする、といった試みが増えています。一方、ソフト面では、「数十人の子どもをローテーションで効率よく見る」方法から、「子どもを小グループに分け、担当職員を決めてできるだけ1対1の信頼関係が築けるようにする」方法へ、または細かい日課を廃止して子どもたちの自主性にゆだねる、といった動きも見られるようになっています。

乳児院と児童養護施設で働く保育士

2012年10月1日現在

●乳児院	
施設数	129
定員	3,831
在所児数	3,023
従事者数	4,210
保育士数	2,168

●児童養護施設	
施設数	570
定員	33,072
在所児数	28,188
従事者数	15,477
保育士数	4,752

（注）従事者数、保育士数は常勤換算数。
厚生労働省「社会福祉施設等調査」による

児童養護施設の入所理由とその人数

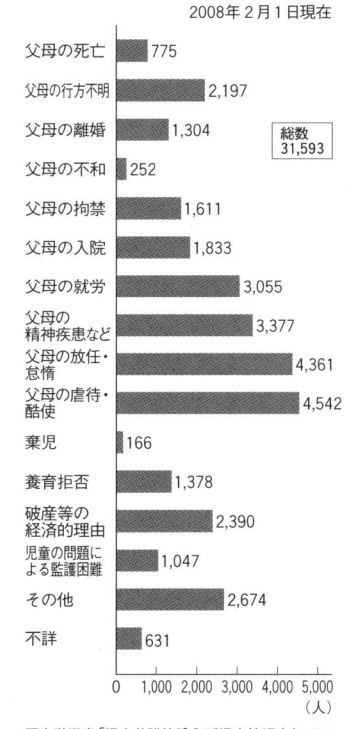

2008年2月1日現在　総数 31,593

入所理由	人数
父母の死亡	775
父母の行方不明	2,197
父母の離婚	1,304
父母の不和	252
父母の拘禁	1,611
父母の入院	1,833
父母の就労	3,055
父母の精神疾患など	3,377
父母の放任・怠惰	4,361
父母の虐待・酷使	4,542
棄児	166
養育拒否	1,378
破産等の経済的理由	2,390
児童の問題による監護困難	1,047
その他	2,674
不詳	631

厚生労働省「児童養護施設入所児童等調査」による

Q　【児童相談所って何？】

A　子どもや家庭に関する各種相談に応じるための、公の相談機関。児童福祉司や心理判定員、医師などがおり、児童福祉施設への入所決定にも関与する。

子どもの生活をまるごとケアする乳児院、児童養護施設では

ルポ❷

取材先◎東京家庭学校分園浜田山ホーム
職種◎児童養護施設のホーム長

体も心も育ち盛りの子どもたちと生活をともにし、社会への巣立ちをサポート

子どもたちの自主性をできるだけ尊重

　6月のある土曜日、一戸建て住宅のリビングで、ホーム長の野中百合子さん（保育士）と中土井宏美さん（保育士）が、業務の引き継ぎを行っている。「昼食用にハヤシライスを作ったんだけど、みんな別のものを食べたがって、たくさん残ってるのよ」と野中さん。「じゃあ、夕飯にそれを使えるから、買い物はいらないわね」と言う中土井さんに、「それからね……」と引き継ぎ用の連絡帳を見せながら、軽く筆談。これは、リビング周囲でくつろいでいる子どもたちに、別の子どもに関する連絡事項を聞かれないように、という配慮だ。

　「引き継ぎの内容は子どもたちも気になるようで、こちらもオープンにするようにはしていますが、やはりプライバシーにかかわることは、筆談にしたり、子どもたちのいない場で話したりするようにしています」と野中さん。

　ここ浜田山ホームは、児童養護施設・東京家庭学校の分園で、小学校6年生から高校2年生までの6人（うち2人が女子）が生活している。東京家庭学校には40人あまりの子どもが在籍、その大半は本園の寮で生活しているが、2つの小規模な分園がある。そのひとつが、浜田山ホームなのだ。浜田山ホームは、外見も間取りも通常の一戸建て住宅と同じで、「施設」らしくない雰囲気。子どもたちの部屋は、2人に1部屋ずつ割りあてられ、だれとだれが同室になるか、組み合わせには本人たちの希望が反映されている。

社会福祉法人東京家庭学校●DATA

1899年開設。1934年少年教護法施行により教護院、48年児童福祉法施行により養護施設（現児童養護施設）に転換。在籍児童は計41人、指導員、保育士は計15人。90年分園のグループホームを上北沢に開設、98年老朽化のため、浜田山ホームとして移転。保育士2人、児童指導員1人が交替で担当。

第2章　資格を生かす職場はおもに児童福祉の分野です

夕方になると、中3のM子さんが2階から降りてきて、中土井さんの夕食作りを手伝い始めた。「手伝いは、"しなさい"というのではなく、本人の気持ちがめばえるのを待っています。男の子でも、料理が得意な子はよく手伝ってくれますよ」と語る野中さん。

起床時間や生活パターンは、基本的に本人に任せているが、門限については中学生までは夕食時間まで、高校生は23：00までと決め、何時に帰るかはあらかじめ言っておいてもらうようにしているという。

問題が起きたとき、どう対処するかで職員の力量が問われる

職員は子どもたちに接しつつ、食事を作り、洗濯し、あるいは悩みの相談にのる。学校に行っている間は、掃除や買い物。午前中に本園の職員と合同で打ち合わせをする以外は、まさに「家庭生活」が仕事の中心となる。「一見、家庭の主婦の仕事と同じように見えるかもしれませんが、その作業をチームを組んで協調性をもってやる、そして仕事の責任を感じ続けながらやる、というところが違うのではないかしら」と野中さん。「5歳児までをみる保育所、限られた時間しかかかわれない幼稚園や学童クラブなどと違って、24時間365日、子どもの生活全体にかかわる、そこに責任と魅力を感じます」。

こうした小規模なグループホーム方式について、副校長の市川太郎さんは、「施設での集団生活がもたらすストレス、子ども同士のあつれきなどが、ある程度解消されます。また、崩壊家庭で育ち、"自分とは何か"ということの確認にエネルギーを費やしがちな子どもたちを、職員がきめ細やかに支えることもできます」とメリットを語る。

ただ、少人数で運営するぶん、職員の力量が問われる。浜田山ホームの場合、3人の職員が担当しているが、交替制となっていて、引き継ぎをする14：00前後以外は、ホームにいる職員は常時1人

●追いかけた人

野中百合子さん／1948年生まれ。69年東京都練馬高等保育学院卒、保育士資格を取得。同年より85年まで救世軍の養護施設にて勤務。学童クラブ指導員を経て91年より東京家庭学校に勤務。

次の勤務職員に1日の報告と依頼事項などをていねいに引き継ぐ。

だけになる。その場その場で子どもの行動、言葉にどう受けこたえするかで、職員の「人間力」が試される。

ときには、反抗なのか甘えなのか、「クソババー」「はしゃぎすぎだよ」といった言葉を投げかけられることも。それをしかるのか笑って流すのか……。感受性の鋭い思春期の子どもが相手だから、その場しのぎのごまかしは通用しない。

野中さんも「なかなか帰ってこない子がいたりすると、本当に心配します。男女交際にしても、交際自体は認めつつも、その子自身が傷つくような問題が起きないようにどう持っていくか……。子どもたちに世代の近い職員の意見なども聞きつつ、対応を考えています」とホーム長としての苦労を語る。

子どもが何か問題を起こしたときは、3人の職員が共通の方針で対応できるよう、連絡をとり合い、意思統一をはかっている。「ただし、職員が代わるがわる同じことを言って追いつめないよう、配慮はしています。その子に合わせて、しかり役、なだめ役、聞き役、と自然に役割分担することが多いですね」。

進路相談にはシビアさも持ちつつ

児童養護施設にいられるのは、18歳まで。高校を卒業したら、自分の力で生きていかなくてはいけない。無事に自活の道を歩めるようになるまで、相談にのり、助言するのも職員の役目だ。浜田山ホームには、現在、3人の高校生がいる。「勉強が好きで、進学を希望している子もいますよ」と野中さん。ただ、「大学の一部（昼間部）に行きたい」という希望に対しては、「二部（夜間部）にしたほうがいんじゃない？」とアドバイスしている。「昼間部で普通に学生生活を楽しみたい、という気持ちはよくわかります。でも、ここを出たら、働きながら勉強して、アパート代から生活費、学費まで全部自分で賄わなくてはならない。夜のバイトぐらいじゃやっていけないんです。そこを見極めて、情に流されずアドバイスしないと、せっかく大学に入っても、挫折してしまいます」。

また、就職する子どもに関しては、別の心配もある。「高校生活からいきなり社会に入ると、仕事がきつくて続けられないことが多いんです。だから、働く経験を積んでおいたほうがいいのかな、と思って高校生のうちからアルバイトをするようすすめるケースもあります」。

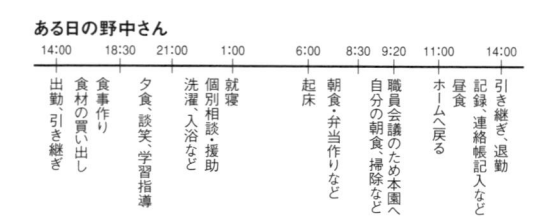

ある日の野中さん

14:00	出勤・引き継ぎ
18:30	食事作り、食材の買い出し
21:00	夕食、談笑、学習指導
1:00	個別相談・援助、洗濯、入浴など
就寝	
6:00	起床
8:30	朝食・弁当作りなど
9:20	職員会議のため本園へ、自分の朝食、掃除など
11:00	ホームへ戻る
14:00	引き継ぎ、退勤、記録、連絡帳記入など、昼食

本人の性格や学力、希望を見極めつつ、適切なアドバイスをするのはなかなかむずかしいものだ。「子どもをいかにして世の中に送り出し、自立させるか……この仕事の本当の目的と苦労は、そこにあります」。

ケアワークにとどまらない勉強を

児童養護施設での仕事は、複雑かつ困難なものになりつつある、と副校長の市川さんは言う。「かつては、施設では子どもの世話をしていればよかった。しかし最近では、親がさまざまな問題を抱えるようになってきています。精神疾患、薬物中毒、そして虐待。子どもだけでなく、保護者の心理的ケアが要求されるようになっています」。これに対応するには、ソーシャルワークや心理面での援助技術が必要だ。野中さんも、学校の先生や保護者に子どもの状況を説明し理解を求めたり、児童相談所のカウンセラーから助言を受けたり、といった業務を日常的にこなしている。

また、虐待を受けた子どもに対しては、治療的な対応が求められる。間違った対応をしないよう、職員も研修会などで勉強しなくてはならない。子どもを取り巻く状況は年々変わるから、野中さんも、虐待、性教育、グループホームに関する研修会には、なるべく参加するようにしている。

現在、処遇（援助）職員の内訳は、保育士：児童指導員がほぼ1：3。子どもの心をつかむのがうまいのは保育士、ソーシャルワーク的な仕事は児童指導員のほうが得意、という傾向がある。「保育士は、ケアワーク中心の勉強で、ソーシャルワーク、ファミリーケースワーク、思春期心理についてはあまり学んでいないのがつらいところですね」と市川さん。「できれば大学で4年間、ソーシャルワークや社会病理学、少年法、さらには文学といった"人間学"をみっちり学んできてほしい。社会の陰の部分、裏の現実にも目を向けてほしいですね。少年院や鑑別所を見学したり、繁華街を歩いてみるといったフィールドワークをしてみるのもいいでしょう。また、児童養護施設ボランティアを体験してみる、というのも現実を知るうえで有効でしょうね」。

（取材は2000年6月）

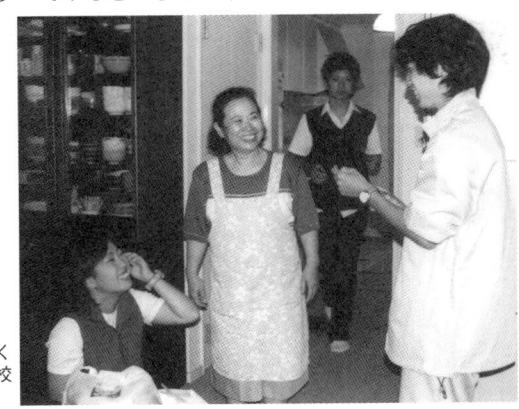

「夕飯は外で食べてくるよ」と外出する高校生の姿も。

第2章

4. 障害のある子どもを支援する施設では

●障害に応じてさまざまな施設が

保育士は、知的または身体に障害のある子どものための施設でも働いています。障害の治療に関しては医師や看護師、心理療法担当職員などが担当し、保育士は、児童指導員とともに、おもに生活指導や日常生活の援助を行います。おもな施設について、その役割とどんな子どもが利用するかを簡単に見てみましょう。

【知的障害児施設】知的障害児（知的発達上の障害がある子ども）を入所させて保護し治療するとともに、独立した生活のために必要な知識、技能を学ばせることを目的とする施設で、自閉症児専門の施設もあります。必要に応じて20歳まで、また、重度の障害がある人に関しては、社会生活ができるようになるまで在所での援助を継続することができます。

【知的障害児通園施設】知的障害児を家庭から日々通わせて保護するとともに、独立した生活のために必要な知識、技能を学ばせることを目的とする施設です。利用者の多くは家庭で養育できる中度の障害がある就学前の子どもです。

【盲ろうあ児施設】盲児施設は盲児（目の見えない子ども。強度の弱視児を含む）、ろうあ児施設はろうあ児（耳の聞こえない子ども。強度の難聴児を含む）を入所させ、保護するとともに、独立した生活のために必要な指導または援助をすることを目的とする施設です。必要に応じて20歳まで在所での援助を継続できます。

【肢体不自由児施設】肢体不自由（上肢、下肢や体幹の障害による運動機能の障害）のある子どもを治療するとともに、独立した生活のために必要な知識、技能を学ばせることを目的とする施設です。必要に応じて20歳まで援助を継続し、重

自閉症
中枢神経系の障害が原因の発達障害で、社会性、コミュニケーション能力、想像力の乏しさが特徴。これらの特徴が3歳ぐらいまでに現れる。強いこだわりや常同行動が見られることも多い。

ノーマライゼーション
社会にはさまざまな人がいて、それぞれに特徴、事情が異なる。それが当然で普通のことであるから、たとえハンディがあっても、人は人として同じように生活するべき、という考え。

第2章　資格を生かす職場はおもに児童福祉の分野です

度の障害の場合は、社会生活ができるようになるまで継続することができます。

【重症心身障害児施設】重度の知的障害と肢体不自由の両方がある子どもを入所させ、保護し、治療と日常生活の指導をする施設です。

【情緒障害児短期治療施設】軽い情緒障害があり不登校、拒食などの問題行動や神経性習癖の見られるようになった子どもに対して、入所または通所により治療し、また退所後の相談その他の援助を行います。

なお、情緒障害児短期治療施設を除く障害児施設については、児童福祉法の改正に伴い、2012年4月より、法律上の名称が変更されています。入所施設は障害児入所施設（福祉型および医療型）、通所施設は児童発達支援センター（福祉型および医療型）に、それぞれ統一されています。

● **ノーマライゼーション思想と障害についての深い理解が不可欠**

障害児・者のための施設は、障害児・者を「隔離して保護する」ためのものではなく、少しでも自立できるよう、また地域や社会で暮らせるよう「支援」することが目的です。障害者福祉のこの考えは「ノーマライゼーション」思想の普及でよく知られるようにもなりました。また、デイサービスや短期入所などを利用して、可能なかぎり自宅での生活ができるよう、制度の充実もはかられています。

保育士は、日常生活のサポートだけでなく、基本的生活習慣が身につくよう援助し、また一人ひとりの障害や適性を考慮しつつ、将来の自立に必要な職業技術の指導なども行います。「療育」にあたって保育士は、個々の障害に関するより深い知識を学ばなくてはなりません。

障害児のための施設で働く保育士

2012年10月1日現在

● 障害児入所施設（福祉型）

施設数	239
定員	10,385
在所児数	7,986
従事者数	6,242
保育士数	388

● 障害児入所施設（医療型）

施設数	160
定員	14,440
在所児数	6,881
従事者数	15,902
保育士数	2,288

● 児童発達支援センター（福祉型）

施設数	288
定員	10,610
在所児数	13,337
従事者数	5,326
保育士数	2,016

● 児童発達支援センター（医療型）

施設数	99
定員	3,499
在所児数	2,641
従事者数	1,555
保育士数	340

● 情緒障害児短期治療施設

施設数	37
定員	1,689
在所児数	1,236
従事者数	970
保育士数	106

（注）従事者数は常勤換算数。
厚生労働省「社会福祉施設等調査」による

療育
医療と保育、養育。障害のある子どもの治療をしながら、障害の軽減、機能回復のための指導や教育をすること。

障害のある子どもを支援する施設では

ルポ❸

取材先◎国立秩父学園
職種◎知的障害児施設の保育士

知的障害児・者の自立を援助するために確かな専門知識と技術でケア

施設ではおもに成人をケア、外来の療育指導は子どもが対象

　国立秩父学園の利用者は、ここの寮で生活し、学齢期は寮から養護学校に通学しつつ、生活指導や職業訓練を受ける。原則として6～17歳の子どもが対象だが、現在、入所者の平均年齢は約25歳。なかには40歳以上の人もいる。入所した子どもが成人しても、成人の知的障害者を受け入れる施設が不足しているため、ここにとどまらざるをえないのだ。そのため、ここで働く保育士は成人もケアする。

　このほか秩父学園では、家庭で生活する自閉症傾向の子どもとその家族を対象に、週2回、療育に関する相談・指導を行っている。子どもが将来自立するのに必要な、認識力、コミュニケーション力、集中力などを身につけられるよう、援助することが目的だ。その手段のひとつとして、医者の指示をもとに作られた手作業や運動などのプログラムも用意されている。

障害を理解し、適切に働きかけるプログラムを用意

　外来療育の日、保育士の仲川正徳さんらは朝から準備に追われていた。その日のプログラムをイラストや写真で表現したカードを用意。入り口近くのスケジュールボードにはりつけていく。「プログラムの節目節目に子どもにカードを渡して、次の行動を促します。言葉や文字だと混乱してしまう子どもも、このカードを見れば、次に何をすればいいかすぐ理解できるんですよ」。作業コーナーには、白い仕切りを立てていく。「子どもたちが作業に集中できるよう、刺激をさえぎること

国立秩父学園●DATA

1958年開設。児童福祉法に基づいて設立された知的障害児施設で、73人の寮生が生活している。職員87人、このうち現場でケアを担当する指導課の職員（保育士か児童指導員）は49人、看護師が11人、医師が3人いる。統合で2010年より国立障害者リハビリテーションセンター自立支援局秩父学園。

第2章　資格を生かす職場はおもに児童福祉の分野です

が目的です」。細かい点にも、障害の特性をふまえた工夫がなされているわけだ。

9:30、担当するトオル君（5歳）が到着すると、仲川さんはさっそく入り口まで迎えにいく。トオル君に対する仲川さんの言葉かけ

●追いかけた人

仲川正徳さん／1972年生まれ。94年東京都大田高等保育学院卒業、保育士資格取得。同年、秩父学園にて非常勤職員として採用される。翌年、再度秩父学園の採用試験を受け、正規職員に。

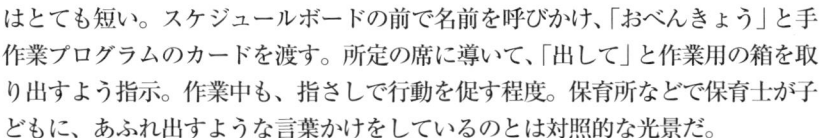

はとても短い。スケジュールボードの前で名前を呼びかけ、「おべんきょう」と手作業プログラムのカードを渡す。所定の席に導いて、「出して」と作業用の箱を取り出すよう指示。作業中も、指さしで行動を促す程度。保育所などで保育士が子どもに、あふれ出すような言葉かけをしているのとは対照的な光景だ。

「障害によっては、言葉や音楽が単なる騒音、苦痛でしかなく、パニックを起こすきっかけになります。こういう場合、言葉による情報は抑えたほうが、コミュニケーションはスムーズにとれるんです」と仲川さん。けっして不精で言葉を惜しんでいるわけではないのだ。「おべんきょう」タイムはだいたい1回につき5〜10分程度。途中、休憩時間をはさみつつ行う。「短時間で区切って、本人の苦手な課題、好きな課題を交互に出すなどして、集中力を保つ工夫をしています」。その内容は、数字のカードに数字の数だけ洗濯ばさみをはさむ、大小さまざまなびんのふたと本体を正しく組み合わせる、点と点の間を線で結ぶ……といったもの。これらができるようになれば、授産所などでの軽作業が可能になり、将来の自立に一歩近づく、という。

最大の課題「コミュニケーション力」と取り組む

「おべんきょう」のあとは、音楽に合わせて体を動かす「たいそう」、平均台やすべり台といった障害物をクリアする「サーキット」の時間。これが終わると、またスケジュールボードまで導き、「おやつ」のカードを渡す。おやつといっても、ただ食べるのではない。子どもたちはお菓子の写真がはってあるカードを選び、それを差し出して本物と交換してもらう。「ほしいものを選ぶ」「ほしいものをカードで伝える」というコミュニケ

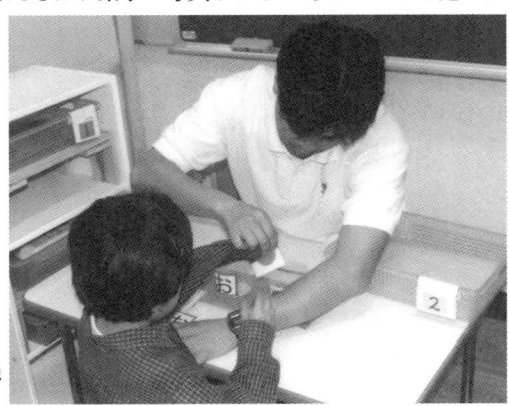

手作業を通じて、認識力、集中力を育てる。

ーションの練習も兼ねているのだ。

「ご自宅でも、カードを使うようお願いしています。たとえば、冷蔵庫に食べ物のカードをはり、食べたいものはカードでリクエストするように習慣づけます。こうすることで、パニックを起こしたり、"いきなり冷蔵庫を開けて中のものを食べる"といったことを防ぐことができます」と仲川さん。こうした積み重ねで、徐々にいろいろな人とコミュニケーションが可能になるという。

おやつのあと、歌や手遊びをやって11：00にこの日のプログラムは終了。職員は約15分ほどで記録をつけて保護者に手渡す。その際、保護者から生活についての相談を受ける。障害に関する周囲の無理解から起きるトラブル、旅行で起こったハプニングなど、それぞれの悩みが話し合われ、すべての親子が帰宅したのは11：45ごろ。それから職員の反省会となり、その日のプログラムの問題点、保護者から受けた相談などについて、約30分にわたって活発に意見交換がなされた。

きめ細やかに個別対応

午後からは、入寮者に対する訓練や各種療法に取り組む。午前中と違って成人を相手にしたものとなるが、基本的な考え方は同じ。その日その日で、それぞれの障害に応じた課題……木工や手工芸など手作業を通じた「作る」能力の訓練、身体機能を高め、維持する歩行訓練などを設定し、サポートする。

「"することがわからない"苦痛を与えないよう、外来療育での"おべんきょう"と同じく、細かい時間で課題を繰り出す、といった工夫をしています」。また、歩行訓練なら、Aさんは筋肉強化のための重りをつけて園内1周、Bさんは発作を起こすおそれがあるのでつきそいつき、Cさんは今日は厚着なので体温調節に注意……といった個別対応も必要だ。

入寮者に対する訓練は15：00で終了するが、職員の仕事がこれで終わるわけではない。寮での生活は24時間続くわけだから、食事、入浴、洗面、着替えなどの介助、掃除など身のまわりのケアが待っている。「訓練の終わった15：00以降のほうが、1日の疲れや、"やることがない"ストレスから、パニックを起こすなどのトラブルが増えたりします。それを未然に防ぐために、一人ひとりの行動パターンを把握して、常にだれがどこで何をしているかアンテナを張っています」。

ある日の仲川さん

8:30	9:00	11:00		12:45	13:30	15:00	17:15
出勤	療育指導の準備	外来の療育指導	療育指導の記録づけ／療育指導の反省会／保護者と打ち合わせ・相談	昼休み	入寮者のリハビリ・職業訓練の指導	後片付け／記録など	退勤

保育士になってからも、勉強が必要

　言葉によるやりとりがむずかしいため、細かいサインが見逃せない。「ある人は"ウー"と声を出しているときは上機嫌、でも洋服の袖をかみながら"ウー"と言っているときは怒っている、といった具合に覚えていくのですが、こういうことは教科書やマニュアルに載っているわけじゃない。ぽんと肩をたたかれても、それが親しみの表現なのか、怒りの表現なのか、わからないときもあります」とコミュニケーションのむずかしさを語る。

　かといって「理解できない」とさじを投げるわけにはいかない。コミュニケーションがうまくとれないと、自傷行為といったいわゆる「問題行動」にもつながりかねないのだ。「一例をあげましょう。自分の頭を壁にぶつけてみたら、相手があわてて自分のほしいものをくれた。それ以来、ほしいものがあったら壁に頭をぶつけるという自傷行為にはしるようになる。これを"要求の誤学習"というのですが、障害に関する知識なしに善意だけで対応していると、とかく"要求の誤学習"を招きがちですから、注意が必要です」。

　このように、知的障害児・者にかかわるケアには、確かな専門知識が必要だ。また、入所者には知的障害のほか身体障害や病気もあわせて抱えている人も多く、医療スタッフ（医師、看護師、心理療法担当職員など）との打ち合わせも多い。そのため、薬の知識など、医療の知識も必要とされる。こうした必要に迫られて、秩父学園の職員は、平均して月に4回のペースで勉強会を開いている。また、寮生が発作を起こすなど緊急事態に備えて、救命救急法の講習も受けている。

　「障害児・者のための施設に入るには、保育士の資格があれば十分です。でも、質の高い援助をするには、入ってからの勉強が大切。障害に関する知識、援助技術……学ぶことはたくさんあります」と仲川さん。

　さらに、「今後は、外部の障害者のカウンセリングや、ソーシャルワーク的仕事もしていきたいと考えています。そちら方面の勉強もしていきたいですね」と意欲を語ってくれた。

　　　　　（取材は2000年5月）

五感を刺激するリラクゼーションルームにて。

第2章 5.
保育士資格を持っているとこんな職場でも働ける！

●児童福祉施設全般で

　児童福祉施設のなかには、その施設の性格と役割に応じて、固有の職員を置くところがあります。保育士資格を持っていることでその仕事に就けることが多いので、紹介しておきましょう。配偶者のいない女性とその子どものための「母子生活支援施設」、子どもに遊び場を提供する「児童厚生施設」、不良行為や環境上の問題が生じている子どものための「児童自立支援施設」などです。

　母子生活支援施設では、入所している母子の生活指導を行う「母子支援員」として、子どもだけでなく、その母親の相談に対応したり、育児、就労、人生設計、家族関係の調整にあたるなど、その仕事は多岐にわたります。

　児童厚生施設では、「児童の遊びを指導する者（以前の呼び名は児童厚生員）」として、施設に遊びにきた子ども、そしてその保護者にも対応します。児童遊園や児童館、児童館などに併設された放課後児童クラブ（学童クラブとも。P.15参照）などが職場となります。

　児童自立支援施設では、「児童生活支援員」として、子どもの情緒の安定や規範意識などを高めることを心がけた生活の指導、支援をしています。

●児童福祉事業にたずさわったり、高齢者施設で働く有資格者も

　児童福祉施設以外にも、保育士には、児童福祉事業や季節保育所、へき地保育所などの児童関連事業を行う施設に働く場があります。

　施設以外でも、知的あるいは身体障害のある子どもの家庭を訪問し、入浴、排泄、食事などのケアをする介護サービスにも活躍の場があります。高齢者介護で

第2章　資格を生かす職場はおもに児童福祉の分野です

母子支援員
「児童福祉施設の設備及び運営に関する基準」によると母子支援員になれるのは、児童福祉施設の職員を養成する学校などを卒業、保育士資格を持つ、社会福祉士資格を持つ、高校卒業後2年以上児童福祉事業に従事などの人。

児童の遊びを指導する者
「児童福祉施設の設備及び運営に関する基準」に定められた、児童厚生施設に置かなくてはならない職員で、従来の呼び名は児童厚生員。保育士資格や教諭免許などを持つ人が配置される。

は訪問介護の必要性が叫ばれていますが、児童福祉においても同じく、住み慣れた地域や家で生活することを望む子どもやその保護者は大勢います。このようなニーズに対応することも保育士の仕事として期待されているのです。

また、保育士のほかにも資格を取得して、特別養護老人ホームや介護老人保健施設などの高齢者のための施設で介護職員として働く人たちもいます。第4、5章で詳しく述べますが、保育士養成校のなかには、保育士養成課程を修了後、専攻科で指定された科目を履修することで介護福祉士（P.94参照）の資格を取得できるところもあります。

● 民間のサービス産業に従事する道もあり

子どもを対象とした職場は民間のサービス産業にもあり、「保育のプロ」として保育士の資格が重宝されています。

【ベビーシッター】契約に基づき、保護者が家庭にいない間などに、一時的に子どもの世話をします。その場所は利用者の家庭である場合、ベビーシッターの自宅やベビーホテルなどの施設を利用してという場合などがあります。

【認可外保育所いろいろ】設置基準を満たしていないか、満たしていても認可を受けない保育所で、保育内容は千差万別です。

・事業所内保育所：女性が多く働く病院や企業が、事業所員の福利厚生のために開設している保育所。多くはその事業所員のみが利用できるもので、その事業所の勤務体制に合わせた保育サービスを展開しています。

・ベビーホテル：20：00以降の保育、宿泊をともなう保育、一時預かり（P.78参照）のいずれかを常時運営する施設で、多くはビルの一室などに設置されています。24時間保育をしているところも多く、夜間に就労する保護者が日常的に利用しているケースもあります。

児童生活支援員
児童自立支援施設はもとの教護院で、当時は教母と呼ばれた。保育士資格を持つ人、社会福祉士となる資格を持つ人、または3年以上児童自立支援事業に従事して適任とされる人が配置される。

母子生活支援施設などで働く保育士

2012年10月1日現在

● 母子生活支援施設

施設数	251
定員	5,174
在所者数	9,437
従事者数	2,012
保育士数	183
母子支援員数	646

● 児童厚生施設（児童館）

施設数	4,444
定員	—
在所児数	—
従事者数	17,806
保育士数	1,153
児童厚生員数	6,888

● 児童自立支援施設

施設数	57
定員	3,845
在所児数	1,506
従事者数	1,780
保育士・児童生活支援員数	205

（注）従事者数は常勤換算数。
厚生労働省「社会福祉施設等調査」による

保育士資格を持っているとこんな職場でも働ける！

reportage

ルポ❹

取材先◎杉並区立永福南児童館
職種◎児童館の指導員

地域の子どもたちに「場」を提供して魅力的な遊びを提案

「生活の場」「遊びの場」として

　昼下がり、「ただいまー！」とランドセルを背負った子どもたちが1人、2人と永福南児童館にやってくる。児童館に併設された学童クラブの子どもたちだ。「ここは、子どもに遊びの場を提供する児童館事業と、共働きなどで保護者が放課後家にいない子どもたちを夕方まであずかる学童クラブ事業の2つをやっているんです」と指導員の荒川祝さん。

　学童クラブは登録制の利用で、在籍児は学校から直接ここへやってきて、学童クラブ専用の部屋に学校から持ち帰った荷物を置き、おやつもここで食べる。放課後の「生活の場」として学童クラブは機能しているわけだ。ただし、遊ぶときは児童館スペースに出て、児童館の一般利用者（いったん家に帰ってから、自由に来館してきた子どもたち）と交ざって遊んでいる。

午前中は乳幼児の親子連れ対応が中心

　荒川さんの仕事ぶりを追ってみよう。遅番にあたるB勤務の場合、9：30に出勤し職員全員で打ち合わせを行う。ここでは行事のことや児童館であったトラブル（けんかやけがなど）への対応、保護者からの申し入れなどについて話し合う。

　朝の打ち合わせが終わると、来館者への対応に入る。午前中は幼児の親子連れが多い。母親クラブ（母親同士が作る自主サークル）の活動をサポートしたり、手遊びや絵本の読み聞かせをすることもある。

杉並区立永福南児童館●DATA
1977年開設。児童館と学童クラブ（放課後児童クラブ）との事業を行っている。1日の利用者数は平均70人。職員は常勤、非常勤、パートの計7人。児童館の閉所時刻は17：00だが、2000年から学童クラブが18：00まで延長され、8：30～17：15のA勤務と9：30～18：15のB勤務をローテーションしている。

第2章　資格を生かす職場はおもに児童福祉の分野です

50

ときには赤ちゃん連れのお母さんから「うちの子、ごはんを食べないんです」といった相談を受けることもある。また、学童クラブ担当職員は、5〜6月、新入生の保護者の個人面談を実施する。子どもだけでなく、保護者とのかかわりがあるのは、ほかの職場と同じだ。

来館児が少ないときはデスクワーク。「行事の準備、会計処理、地域向けのお便り作りとその町内会への配布……と、事務仕事もたくさんあります」。

●追いかけた人

荒川祝さん／1974年生まれ。94年昭和女子短期大学初等教育学科卒、幼稚園教諭二種免許状取得。95年東京都立川高等保育学院入学、97年卒、保育士資格取得。同年杉並区職員に。

午後は小学生の遊びをサポート

昼食後は徐々に小学生の姿が増え始める。「子どもたちとはドッジボールなどをして遊びますが、その遊びだけに夢中になってしまわないように心がけています」と荒川さん。というのも、児童館には遊戯室、図工室、幼児室、音楽室、図書室……とたくさんの部屋があるため、一部の子どもたちとだけ遊んでしまうと全体が見えなくなるからだ。

職員は遊びの導入を助けつつ、流動的に部屋をまわって、ようすを見なくてはならない。「もちろん、けんかが始まったらすぐに駆けつけます。ただ、多少のけんかならばすぐに止めずに、ある程度までは見守るときもあります。いまは一人っ子も多く、けんかの経験がない子もいます。けんかをしたりしながら、子ども同士で譲り合うことを覚えたりしていくことも必要ではないかと思います」。

14：00からは、月2回の工作の時間「なにつくろっ」。今日のテーマは「風船自動車」だ。荒川さんは、中学生のカズミさんとボランティアのお母さんの助けを借りて、風船が動力、牛乳パックが車体という自動車の作り方をレクチャー。「点線にそって、牛乳パックをはさみで切ってみて」という説明に、「できないよ、いわちゃん」と助けを求める声がところどころであがる。荒川さんが手助けしつつ、それぞれの風船自動車が完成していく。できあがった子から自動車を走らせ競争するが、なかには「走らなーい」と言

子どもたちの「風船自動車」作りを手伝う。

う子もいる。荒川さんは、自動車レースを進行させつつ、一方では走らない自動車の改良をアドバイス。あちこちで「いわちゃーん」と呼ぶ声がして、忙しい。

15：30、工作の時間は終了。子どもたちのうち、学童クラブ在籍児はおやつを食べに学童クラブの部屋に戻り、ほかの子は、別の部屋に散っていった。荒川さんも、ボランティアの人と次回の工作の時間の打ち合わせを簡単にしたあと、18：15の退勤時間まで、子どもの相手やデスクワークをこなすことになる。

子どもとどう距離をとるかがむずかしい

荒川さんは、子どもから「いわちゃん」と呼ばれている。荒川さんの名前（祝＝いわい）からとったニックネームだ。ここの児童館の職員は、わりと愛称で呼ばれている人が多いという。職員の呼び方については同じ杉並区内でもまちまちで、ほかの児童館から異動してきたばかりの職員や保護者によっては、抵抗感をみせる人もいる。「それで話し合ったこともあったんです。"お友達ではないし、大人と子どもの関係のけじめをつけるべきでは"と呼び捨ては不可にはしたものの、学校の先生とは違うから"○○先生"というのもどうかということで、はっきりした結論は出なくて。私としては、親しみをこめた"ちゃん"づけは受け止めています」。

先生とはちょっと違う、大人の存在。それを反映してか、荒川さんに甘える小学生の姿が印象的だ。「学校行事を見に行ったりすることもあるのですが、ここでのようすとは違いますよ。ここでは羽根を伸ばしている子が、学校では先生の言うことをぴっと聞いていて、彼らなりにけじめをつけているのだな、なんて感心します」。だからこそ児童館はほっとくつろげる「オアシス」でありたい、と荒川さんは言う。

もちろん、単なる「仲良し」でいるわけにはいかない。しかるべきときにはしかることも必要だが、「児童館で働くようになって４年になりますが、いちばんむずかしいのが子どもをしかることです」という。子どもは大人の表情をよく見ていて、中途半端な気持ちでしかっても言うことを聞いてはくれない。かといって、感情にまかせ、上から押さえつけても、本当の気持ちを打ち明けてもらえない。

特に思春期の子どもは大人の目や考えがわかってきているだけに、トラブルが

ある日の荒川さん（A勤務の場合）

8:30	9:30		12:00	13:00		17:15
出勤	職員打ち合わせ	乳幼児の親子連れに対応	昼休み	中学生の来館に対応、小学童クラブ在籍児		退勤

表ざたになりにくい。学童クラブに在籍している子どもならば、学校の先生や保護者に事情をきくこともできる。「どうもけんかっ早いなぁ、と思っていて、よくよく話を聞くと、学校でいじめられていた、なんて話も出ます。そういう背景も考えてやりたい」。

不特定多数が相手だからこそ魅力的な場に

しかし、児童館に遊びに来る子のなかには、ときどきしか来ない子もいて、そういう子やその保護者と関係をつくるのはむずかしい。そういう不特定多数の子ども（しかも思春期に入ろうとする小学生）を相手にするのが、児童館で働く職員の特色だ。「実は私、保育所保育士の仕事がしたくて杉並区の保育士採用試験を受けたんです。ところが実際の配属は児童館。最初はがく然としましたよ（笑）。幼児とは違う、特に小学校高学年の男の子を前にして戸惑いましたが、ドッジボールなど体を使った遊びを通じて、少しずつ気持ちが通じるようになってきました」。

また、児童館が催す季節行事──サマーパーティ（4日間のデイキャンプ）やこどもまつり（子どもたちによるおみせやさんごっこ）などの企画、運営にも魅力を感じていて、「学生時代に、文化祭実行委員やキャンプをよくやっていた自分には向いているかも」とすっかり児童館職員の仕事にのめり込んでいるという。

学童クラブの在籍児だけでなく、だれが来るかわからない児童館。自分たちが魅力的な遊びや行事を提供すれば、それだけたくさんの子どもたちが集まってくるといえる。「あらゆる体験が仕事に生きています。道ばたに落ちているごみだって、工作の企画のヒントになります。また、既製のおもちゃを見ていても、"あれなら作れる"と考えたり……、日々ネタ集めです。そして、自分の考えた遊びが子どもにうけたら、"やったー"と大満足です」。

子ども、そして大人の遊びの体験が不足しているいま、遊びの体験と場所を提供する児童館の役割は、今後ますます大きくなっていくだろう。魅力的な遊びを提供するための荒川さんの「ネタ探し」は、地域に、楽しく豊かな時間を提供することにもつながるのだ。

（取材は2000年5月）

来館児の少ない時間帯に、デスクワーク。

[子どもの健全育成を支援する「遊び」とは?]

answer
自らタブーをつくらず、柔軟な発想で提案を

　子どもの心身の健康や社会性を高め、情緒を豊かにする「遊び」を提供するために、保育士には何が必要なのでしょうか。児童の健全育成活動を推進している、児童健全育成推進財団の常務理事で事務局長の、鈴木一光さんの話をもとにまとめてみましょう。

●子どものダイナミクスを支援
　「保育士の場合、学校で学んだ保育カリキュラムの範疇（はんちゅう）をなかなか出ない人が多いため、折り紙やリボンフラワーなど自分の得意な遊び方の繰り返しになりがち」と鈴木さんは指摘します。小学校高学年以上の子どもに対しては、ダイナミックな子どもの動きを支援していく柔軟な発想がほしいものです。

●いろいろなことを取り入れ、創意工夫する
　「子どもに遊びを提供する際、"自らタブーをつくらないこと"」と語る鈴木さん。たとえば、児童館のなかには、近くの牧場を借りて乗馬クラブをつくって子どもといっしょに馬の世話をしたり、寄付された土地で子どもたちがオートバイに乗りモトクロスを楽しんだりの、ユニークな活動を行っているところがあります。

　地域の人たちや団体と仲良くして、施設の活動に協力してもらう試みが可能性を広げます。ある児童館では、近くに住むボクシングジムの会長にお願いして、ボクシングを通してコミュニケーションのとり方やけんかのルールを子どもたちに教えてもらうということをしています。このように、子どもの健全育成にかかわることなら何でも取り入れ、創意工夫する姿勢が求められます。

● 第2章

保育士がどんな職場で働いているか、わかった?

立ち止まってチェック!

保育士の就職先No.1：保育所

- 保育に欠ける、0～6歳の子どもが対象の通所施設。
- 公立、私立の認可保育所のほか、事業所内保育所、ベビーホテルなど認可外保育所もある。

子どもの生活をまるごとケアする乳児院、児童養護施設

- 保護者の事情により家庭での養育がむずかしい子どもを対象とした入所施設。原則として乳児院は1歳未満の子ども、児童養護施設は1～18歳の子どもが対象。

障害のある子どもを支援する施設

- 知的障害、身体障害あるいは情緒に障害のある子どもを対象とした施設には、障害の種類に応じて入所施設と通所施設がある。知的障害児施設、盲ろうあ児施設、肢体不自由児施設、重症心身障害児施設、情緒障害児短期治療施設など。

こんな職場でも働ける

- 児童厚生施設：児童遊園や児童館など、子どもに「遊び」の場を提供する施設。共働きの保護者の児童を放課後あずかる放課後児童クラブを併設した児童館もある。
- 母子生活支援施設：自活が困難な母子世帯のための入所施設。
- 児童自立支援施設：不良行為をなす、またはそのおそれのある子ども、生活指導の必要のある子どもが入所する施設。
- 児童関連事業：季節保育所、へき地保育所、介護サービスなど。
- 高齢者施設：特別養護老人ホーム、介護老人保健施設などで介護職員として。
- 民間のサービス産業：ベビーシッターとして、また、認可外保育所などで。

メモ③／立ち止まってチェック！

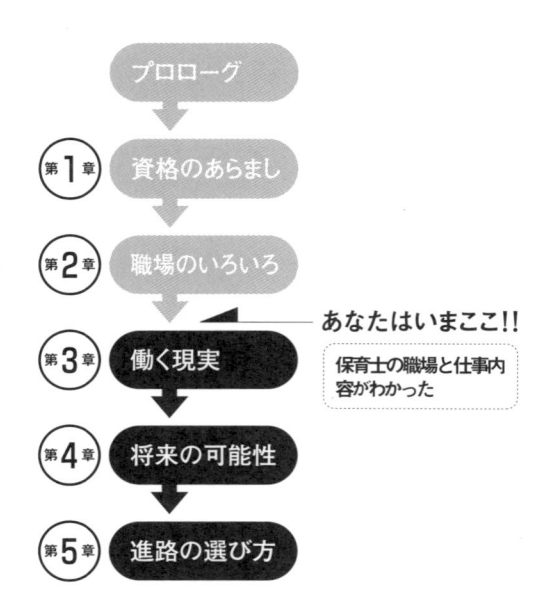

- プロローグ
- 第1章 資格のあらまし
- 第2章 職場のいろいろ
- 第3章 働く現実 ← **あなたはいまここ!!**
  保育士の職場と仕事内容がわかった
- 第4章 将来の可能性
- 第5章 進路の選び方

第3章
知っておきたい職業生活の実際

働きながらの子育てを支えるため、8時間以上の長時間保育はあたりまえ。施設によっては、24時間、365日の保育を展開するところもあります。そこで保育士は、どのような勤務体制で、どのような待遇で働いているのでしょうか。気になる職業生活の実際を探ってみました。

第3章 1.

勤務形態、休日は変則的になりがち

●勤務先が通所施設か入所施設かで異なる

保育士の勤務形態は、勤務先が通所施設か、居住型の入所施設かで異なります。保育所など通所施設の場合、子どもは各家庭から通ってくるので、勤務形態は「日勤」です。保育時間は1日に8〜12時間くらいになります。ただし、保育所が開いている間じゅう、保育士全員が出勤しているわけではありません。8時間の勤務ですむよう、ローテーションを組んで勤務しています。

一方、児童養護施設など入所施設の場合、24時間だれかが子どもの生活をサポートしなくてはなりませんから、勤務形態はさらに変則的になります。

●通所施設は勤務時間帯をずらして長時間保育に対応

保育士の勤務時間は1日8時間。そのため、8時間以上の保育を行う施設なら、早番、平常番、遅番というように、少しずつ勤務時間帯をずらして働き、長時間保育をカバーします。そのため、働く時間は8時間でも、ある曜日は早朝から、ある曜日は夜遅くまでと出勤・退勤時刻が変わります。

たとえば19：30までの延長保育を実施している保育所なら、遅番（延長番）の人は19：30かっきりに帰れるわけではなく、戸締りや後片づけをしてから帰ります。すると、保育所を出るのは20：00近くになるわけです。こうした勤務時間に対応するのは、特に小さな子どものいる保育士にはハードかもしれません。家族、あるいはベビーシッターなどの協力が必要になるでしょう。

●週休2日が多いけど、交替で土・日の勤務も

以前は4週5休、4週6休というところも多かったのですが、最近は、公立を

Q【有給休暇って何？】

A 休むことで給料を差し引かれることのない休暇。「労働基準法」では、6か月以上の継続勤務と全労働日の8割以上出勤を条件に、10日以上と定められている。年単位なので年次有給休暇という。

日勤
朝から夕方までを中心とする勤務。

中心に、保育士にも週休2日を取り入れている施設が増えています。もっとも、保育所自体は、土曜も保育を行うところがほとんど。保護者のなかには、土曜も仕事のある人がたくさんいるからです。そのため、保育士は、一般企業のサラリーマンのように、土・日が確実に休み、というわけにはいきません。

たとえば、土曜の保育を利用する子どもの数が少なければ、数人の保育士が出勤し、月曜か火曜に振り替えで休みを取る、とすることもできます。

しかし、土曜も平日なみの利用者がいる場合は、土曜に出勤する保育士の割合が高くなります。そうなってくると、休みは祝日、日曜、そしてそれ以外では1週間のうちいずれかの曜日となります。また、日曜・祝日も保育を行う保育所だと、決まった曜日での休みがなく、4週8休（つまり、週に2日休めるけれど、何曜日に休めるかはわからない）ということもあります。

こうした毎週の休みのほかにも、年20日程度の有給休暇がありますが、保育士の仕事の相手は日々生活している子どもですから、勝手に休みを取ると、フォローする同僚が苦労します。いつ休みを取るかは、周囲とよく相談してからにしなくてはなりません。

長期休暇に関しては、年末年始は保育所も休むところが多いので、いっせいに休めるようですが、夏休みに関してはそうはいきません。たとえお盆でも、サービス業などだと休めませんから、そんな保護者のために保育所は保育を続けます。ですから、保育士の夏休みは、交替で、1週間くらいずつ有給休暇を取ることになります。

●入所施設では、ローテーションで24時間365日体制

入所施設の場合は、24時間365日、子どもの生活を見守るわけですから、その施設の職員の数に応じて、さまざまな形態のローテーションが組まれています。

たとえば、看護師のような3交替勤務も

施設による勤務形態の違い

●保育所（公立）の一例

早番	7:45～16:30
平常番	8:30～17:15
遅番	9:30～18:30

●乳児院の一例

日勤	8:00～16:45
準夜勤	16:00～0:45
深夜勤	0:00～8:45

●知的障害児入所施設の一例

早番	6:30～15:15
平常勤	8:30～17:15
遅番	9:30～18:15
特遅番	11:15～20:00
夜勤	16:15～8:45

勤務形態、休日は変則的になりがち

あれば、ルポ2で取り上げた児童養護施設のグループホームのように、24時間ずつ勤務して1日1回引き継ぎをする、というところもあります。また、「宿直型」などと呼ばれるパターンだと、日勤は通所施設と同様に早番、遅番、平常勤で交替し、遅番と交替で夜間に「宿直」番の人が入る、というふうに働きます。

「夜勤」と「宿直」の違いですが、一般的な取り扱いの違いを簡単に説明すると、「夜勤」は労働時間として計算される勤務で、「宿直」の場合は、拘束されるものの労働時間には入らない待機扱いとなります。

特に乳児院や障害者のための入所施設では、夜間の養護・介護が必要なため、「夜勤」が採用されています。夜勤の場合は、仮眠がなかなか取れず、体力面でのタフさが要求されます。

一方、基本的に夜間の勤務が必要ない施設なら、「宿直」型となり、緊急事態以外は睡眠を取ることも可能です。宿直の時間は、労働時間には計算されませんが、拘束されたぶん、手当は別に出されます。

夜勤や宿直など泊まり勤務の頻度としては、「児童福祉施設保母の職務と保母養成の課題に関する調査報告書Ⅱ」（全国保母養成協議会〈現全国保育士養成協議会〉、1997年）によると、月4～6回、というところが多くなっています。

●**休日は通所施設と同様。ただし休みは取りにくい**

年間の休日の日数は、制度上は通所施設と同じになっています。ただし、子どもの生活自体は日曜だろうと祝日だろうと続くわけですから、こうした日も交替で出勤することになります。施設によっては4週8休、あるいは4週6休、なかには4週4休のところもあります。

また、有給休暇の日数も、通所施設と同様に制度上は設けられています。ただし、なかなか休みは取れないというのが実情です。というのも、たとえば児童養護施設では、通院のつきそいや学校の保護者会といった平常勤務ではフォローしきれないケア内容があり、こうしたケアにあたっては、時間外に対応せざるをえないのが実情だからです。

また、児童自立支援施設は、小舎制で職員が少なく、しかも住み込み制の施設もあるためか、有給休暇はもちろん、週休もなかなか取りづらい、という報告が

燃え尽き症候群
仕事に没頭していた人が、ふとしたきっかけからやりがいを失い、抜け殻のようになってしまうこと。

先にあげた調査報告書でされています。

●リフレッシュを上手に

　このように、保育士の仕事はなかなかにハード。精神面でも、基本的に保育とは対人サービスであり、勤務においては、子ども、保護者、ほかの職員との関係に悩みつつ働くという、ストレスの多い仕事になりがちです。

　そのため、上手に休みを取り、リフレッシュすることが大事です。この本のための取材でも、多くの保育士が「プライベートタイムに職場の悩みを持ち込まない、職場にプライベートな悩みを持ち込まない」ことを心がけている、と答えました。

　特に入所施設では、さまざまな問題を抱えた子どもが相手となるため、心身ともにハードな仕事になりがち。自己犠牲精神を発揮しすぎて、「燃え尽き症候群」にかかったり、心身のバランスを崩して退職せざるをえない状況に陥る人もいます。

　しかし、短いサイクルで職員が変わることは、子どものためにもなりません。保育士という仕事を選ぶからには、仕事は長続きさせたいもの。そのためにも、上手に休息を取り、自分の趣味を楽しみ、リフレッシュすることが大切です。

　休日の過ごし方はさまざまです。取材したなかでも、子育て真っ最中なら「子どもの相手と家事に追われる」ことで、まだ独身の人や子育てを終了した人なら「野球、スキー、ドライブ、キャンプと精力的に楽しむ」「遠出は疲れるので、近場のプールで水泳」「旅行」「バイクでツーリング」などと、多様なリフレッシュぶりがうかがわれました。

　日ごろから体力を使う仕事なのに、休日にさらにスポーツをする、という答えが何人かから聞かれたのは、意外な感じもします。体力以上に神経も使う仕事のため、スポーツでストレス発散をする、といったところでしょうか。

　また、スポーツをすることの効用として、「保育士にはチームワークが必要、それが磨かれる」「（児童養護施設や児童館などで）小・中学生が相手だと、スポーツができたほうが相手の心をひきつけやすい」「日ごろの保育に生かせる」といった声が聞かれました。

勤務形態、休日は変則的になりがち

ルポ❺

取材先◎東京都立母子保健院
職種◎乳児院の保育士

家庭で生活できない乳児が相手。
個々の事情を受け止め
担当制で24時間のケア

保育士と看護師が同じ仕事をする

　五月晴れの朝9：00、母子保健院の保育士、堀水真紀子さんを訪ねた。ところが、「ごめんなさい。措置入院の決まりそうな子がいるので、いまから面接をしなくてはならなくて」と、別室へ。10人の赤ちゃんがいるホールには、看護師の漆谷加奈さんが残った。「いつもなら、この時間はスタッフが5人くらいいて、散歩の準備にかかるんですが、今朝は皆そちらの面接に行っています」。漆谷さんは赤ちゃんたちの爪を切っていた。「木曜日は爪切りの日と決めて、お散歩前に職員が全員の爪を切っているんです」。保育所に通う子ならば、子どもの爪は保護者が切る。しかし、長期にわたって乳児院で過ごす子どもたちにとっては、ここが生活のすべて。爪切りは職員の役目だ。

　現在、母子保健院には、1歳1か月〜3歳の子が18人、それより小さい乳児が17人いる。職員は、1歳1か月〜3歳の組、第一保育に保育士8人、看護師7人。ここ0歳児の組、第二保育は、保育士5人、看護師10人。そのほか乳児院にはケースワーカーと専任の心理判定員もいる。大きい子の組のほうが保育士の割合が高いのは、月齢が高いぶん、看護より保育中心になるためだ。「もっともここでは、保育士も看護師もやっている仕事はまったく同じですよ」と漆谷さんは言う。

　母子保健院の乳児院では、障害児も受け入れている。重度の障害の場合は病院が受け入れ先となるが、家庭で対応できる範囲の障害ならば乳児院に入院する。

東京都立母子保健院●DATA

1942年、東京市世田谷保育館として開設。47年より都立世田谷産院・乳児院となり、母子保健院の母体に。家庭で養育困難な0〜2歳の乳幼児を収容。定員計50人の子どもに対し、医師1人、保育士13人、看護師17人、師長2人が配置されている。都立病院改革マスタープランに基づき、2002年12月閉院。

また、障害児にかぎらず、風邪をひいたときなどは、家族の代わりに職員が子どもの手当てをする。だから、投薬、吸入、吸引、経管栄養の操作など、家庭でできる範囲の簡単な医療行為は、保育士もやることが多い。そこが一般の保育所とは異なる点だ。もっとも、この役割分担は、施設によって方法はさまざまだ。「仕事は同じといっても、クリスマス行事の企画や、ホールの装飾をするときのアイデア、おやつ前の"お集まり"の手遊びなどは、学校で習っているぶん、保育士のほうが発想が豊か。看護師から見ると"かなわないなぁ"と思うことがありますよ」と漆谷さんは笑う。

●追いかけた人

堀水真紀子さん／1960年生まれ。84年東京都練馬高等保育学院卒、保育士資格を取得。卒業と同時に東京都に採用される。衛生局府中療育センターを経て、98年に母子保健院に異動。

入所の事情も期間もまちまちの子どもたち

入院時の面接では、子ども、あずける保護者、ケースワーカー、保育士らをまじえ、さまざまなことが話し合われる。たとえば障害児なら乳児院でケアできるのか、あるいは病院でケアしたほうがいいのか、という判断。さらには、「この子はこんなあやし方が好き」「哺乳びんの乳首はこのメーカーで」といった細かな点までやりとりされる。面接が終わり、保育士の堀水真紀子さんらほかの職員がホールに戻ってきたのは9：30。今日の散歩はいつもより遅れて始まりそうだ。

乳児院には、さまざまな事情を抱えた子どもたちがやってくる。1〜2週間程度の短期入院の場合、母親が出産や病気などで一時的に子どもの世話ができない、というケースが多い。母子保健院には病院（産科、小児科）が併設されているため、次子出産による短期措置が特に多い。また、保育所に通園している子どもが病気になった際にあずかる病児デイケアもある。こうした場合は、病気が治りしだい、保育所に戻っていく。

一方、入院理由が、親の離婚や家出、さらには親による虐待や養育拒否、置き去りなどだと、在院期間は長くなる。その場合は、子どもの心のケアにも気を配らなくてはならない。「子ども1人に

散歩中、「ジャスミンよ」と花を差し出す。

受け持ち職員を1人決めて、精いっぱい愛情を注ぐようにしています」と堀水さん。特に虐待を受けた子どもの場合、勤務時間外もできるだけ抱っこして、スキンシップを心がけている。「生後1か月でも、虐待を受けた子どもは発達の度合いが違います。無表情で、抱かれ方も下手。それがここで暮らすうちに表情豊かになってくると、本当に安心します」。

外の世界を知らせるため散歩は日課

9：45、散歩の準備が完了。「遅くなったけれど、行きましょう」と、子どもたちをバギーに4人、4人、2人と分乗させる。「今日は時間がいつもより短いから、公園でゆっくりとはできないね。ジャスミンのところまで行こうか？」とコースを決定。バギーを押しつつ、近所をひとめぐりする。テニスコートわきでお目当てのジャスミンを見つけた堀水さん、「ほら、ジャスミンのお花よ。いいにおいでしょう」と、花を差し出す。すると、まだ言葉をしゃべらない赤ちゃんが身を乗り出して花の香りをかぎ、にっこり笑うのだった。

これがもう少し月齢の高い子どもたちだと、散歩の光景も少し違う。歩ける子が多いので、よちよち歩きの子どもの手を引いてのお散歩になる。歩くスピードも遅いし、道ばたの石ころや店のショーウィンドーなど、何もかもに興味津々の年ごろだから、大人の足なら5分ですむところを、20分くらいかけて歩く。

散歩コースにスーパーが組み込まれることもある。乳児院ならではの意図があってのことだ。1歳1か月以上の子どもを担当する保育士の山本麻里子（やまもとまりこ）さんは、「スーパーでの買い物など、施設で育つ子にはなかなかできない体験。意識してそういう場所に連れていかなければ、子どもはスーパーでの買い物の方法も、料理の食材がどんな姿をしているのかも、知らないままに育っていってしまうことになります」と言う。さらに、その大きい子の組では、年に2回、受け持ちの保育士が子どもを院外に連れ出し、外食や電車、バスなどを体験させる「個別保育」も実施している。

ローテーションはあってもなるべく1対1で

1時間弱の散歩から帰ってきた第二保育の子どもたちは、おむつを替え、おやつの時間。13人の子どもたちはトッターに座り、食べるのを助けてもらう。その

ある日の堀水さん

8:00	11:00	11:30	12:30		15:30	16:45
出勤	おむつ替え・おやつ 散歩 打ち合わせ 朝食・ミルク	午睡の寝かしつけ後、職員ミーティング	職員昼休み	歌・手遊び・おやつ 1人ずつ沐浴 起きた子から昼食	午睡の寝かしつけ後、保育日誌の記録など	退勤

後、11:00からお昼寝。子どもたちが眠ったら職員たちは会議に入る。会議では、一人ひとりについて、受け持ちの職員が保育目標や成果を発表するとともに、"この子にはそろそろスプーンを持たせたい"といった細かい申し送りも行う。

　職員は11:30から1時間休憩。12:30からは、目覚めた子どもから食事を始めていく。この食事、おやつ、入浴の際には、必ずその子の受け持ち職員が世話をすることになっている。ローテーションの関係で、受け持ち職員がその時間に不在の子に関しては、その日その日「だれが担当するか」をリーダーが決める。だから、職員は「自分の受け持ちの子ども」と「不在の職員が受け持っている子ども」、合わせて3〜5人をケアすることになる。食事のときは、堀水さんも3人を代わるがわる介助。まだひとりでは食べられないから、3人の食事でも1時間以上はかかる。それでも「おいしい？　○○ちゃん」と話しかけながら、ゆっくりスプーンを赤ちゃんの口へ運ぶ。

　沐浴は14:00から。1人ずつ、沐浴台を使って体を洗っていく。立ったままの力仕事だ。全員の赤ちゃんをお風呂に入れるには人手がかかるので、職員の多い日中に入浴させるのだ。裸になった子どもたちは皆、ふくふくと健康そう。「栄養士の決めた食事をきちんととっていて、生活も規則正しいから、皆健康でのびのびしていますよ」と堀水さん。この後、手遊びの時間、おやつ、二度目のお昼寝の寝かしつけを経て、ようやく堀水さんの1日が終わるのだった。

　乳児を集団で24時間ケアすることについて、第一保育の山本さんは「この時期の子どもには、1対1の関係が重要だから、本当はひとりで職員とおもちゃを独占して、じっくり遊ぶ時間を保障してあげたい。現実はなかなかむずかしいのですが……」と語る。堀水さんは「受け持ちの子どもには愛着がありますね。子どものほうも受け持ちの職員には特になつくようで、姿を見つけると一生懸命はいはいで近寄ってきてくれます。受け持ち児が手元を離れるときは、寂しい気持ちと"幸せになってね"という気持ちが交じり合ってちょっと複雑ですね」とコメントしてくれた。（取材は2000年5月）

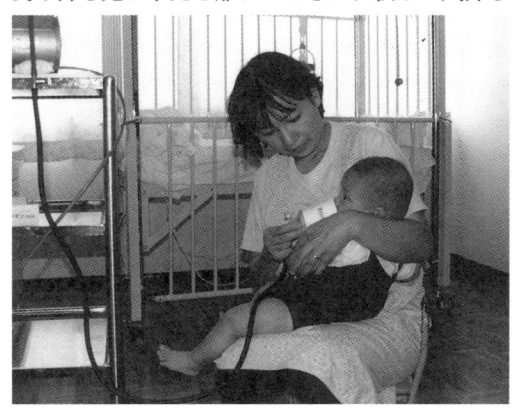

風邪ぎみの子どもに、薬の吸入。

第3章 2.
働き続けることができるような待遇になっているの?

●気になる給料は…

公立の施設で正規職員として働く場合は公務員として採用されます。したがって、給料は国あるいは自治体の公務員の給与体系をもとに支払われます。たとえば東京都のある区の場合は、短大卒程度の保育士の初任給（地域手当含む）は約18万5600円（2014年4月現在）となっています。これに、諸手当（通勤手当、扶養手当、住居手当、期末手当、勤勉手当など）がプラスされ、ここから社会保険料（共済組合の掛け金）や税金が引かれます。

気になるのが私立の施設で働く場合。これはその施設や、施設の属する自治体の補助金の有無によって差がありますから、給与額が気になる人はひととおり確認しておいたほうがよさそうです。もちろん、給与からは社会保険料や税金が引かれます。

また、退職金に関しては、公務員ならその自治体の、民間施設の場合は独立行政法人福祉医療機構による退職金制度（社会福祉施設職員等退職手当共済）があります。また、その施設が独自に加入している退職金制度もあります。

●身分、待遇については多様化の動き

またその一方で、1998年に厚生省（現厚生労働省）が打ち出した、保育所に関する規制緩和により、短時間勤務保育士の導入が認められるようになりました。それにともない、パートや非常勤扱いの保育士が増えてきています。

特に新卒の場合、正規職員として採用されるまで、しばらく非常勤保育士やパート保育士として働くことになるケースもあります。その場合、正規職員と同じ

社会保険料
社会保険は健康保険、介護保険、厚生年金保険、雇用保険、労災保険をいう。法人格のある事業体、従業員5人以上の事業体は社会保険への加入が義務づけられており、保険料は雇用者と本人が折半で払う。

共済組合の掛け金
公務員は国家公務員共済組合か地方公務員共済組合の組合員となる。毎月の給料から掛け金を支払うことで、必要に応じて療養・出産・休業時などの給付を受け、退職共済年金や障害共済年金などを受け取る。

ような待遇を受けることができるかどうかはわかりません。また、給与や手当は正規職員と同様でも、1年契約で、1年後の雇用は保障されない、という場合もあります。ですから、たとえば新卒なら、親元から通えるのか、独立して自活しなくてはならないのか、といったことをふまえつつ、待遇面はチェックしたほうがよさそうです。

また、ベビーシッターなどの場合は、厚生年金保険などには加入せず、個人で国民年金・国民健康保険の保険料を支払うことになることも多いため、その場合の負担感はかなり大きなものとなります。

● 福利厚生その他の面は…

基本給は同じでも、諸手当や福利厚生などによっては、手取り収入や暮らしぶりに大きく差が出てきます。たとえば、給料以外に支給される諸手当。時間外手当（残業代）や宿直手当、夜勤手当などがプラスされます。児童養護施設などに勤務の場合、「特殊業務手当」と称して3～4％程度加算されることもあります。

また、住宅手当、通勤手当、家族手当などもありますが、これは施設によって差があるようです。たとえば、住宅手当（家賃補助）が手厚く出たり、寮（官舎や職員寮）が安く利用できたりするなら、かなり生活にゆとりができます。しかし現在は、民間企業をはじめ、寮や保養所など維持費のかかる施設・設備による福利厚生は減少傾向にあります。また、入所施設でも、住み込み型の勤務形態は減っています。

● 出産後も仕事を続けるには周囲の協力が不可欠

女性が出産後も働き続けることができるよう、産前産後休業、そして育児休業（以下、産休、育休と略）を取ることが法律で認められています。

たいていは休みを取っている人の代わりに働く代替保育士が確保され

短時間勤務保育士
勤務が1日6時間未満または月20日未満の保育士。2002年度からの規定では、各組・グループに1名（乳児対象の場合は2名）以上の常勤保育士の配置を条件に短時間勤務保育士の導入が認められている。

保育所職員の給料

本俸基準額と特殊業務手当基準額、2004年度

職　種	格　付	本　俸基準額	特殊業務手当基準額	
			調整数	基本額
所　長	（福）2 - 10	261,800円	—	—
主任保育士	（福）2 - 6	231,948円	1	9,800円
保育士	（福）1 - 8	193,698円	1	7,800円
調理員等	（行Ⅱ）1 - 11	164,700円	—	—

(注) 1　この表は、保育所運営費負担金の予算積算上の給与格付けを例示したものである。
　　 2　「格付」とは、国家公務員給与法に定める俸給表および級号俸をさしている。
　　 3　主任保育士・保育士にあっては、当該俸給額のほか、特別給与改善費を加えたものを本俸基準額としている。
　　 4　なお、主任保育士・保育士は、本俸基準額とは別に特殊業務手当基準額（基本額×調整数）を本俸基準額に加えている。

厚生労働省雇用均等・児童家庭局資料による

働き続けることができるような待遇になっているの？

ているので、産休、育休をきちんと取って、職場に復帰する保育士が数多くいます。

　しかし、実際の状況は、職場によってさまざまです。産休、育休を取ることをせず、出産とともに退職するケースもあるようです。いずれにしても、そのような場合でも、出産のためにいったん退職したあと、再び同じ職場に復帰するというケースもあります。

　子育て経験のある保育士の存在は、保育の内容を充実させる意味でも、あるいは働く母親の気持ちに寄り添うという意味でも、大切なこと。出産後も長く働き続けるための環境は、今後とも、雇用側・働く側ともに、大事にしていきたいものです。

　また、産休、育休を取り、職場に復職したあとに直面する問題として、「子育てと仕事の両立」ということがあります。正規職員としてフルタイムで働くわけですし、また、保育士として早朝からあるいは夜遅くまでの保育を行わなくてはなりません。配偶者の勤務状況にもよりますが、自分が早番・遅番の日は、わが子の保育所の送迎には間に合わないという事態も出てきます。特に入所施設の場合、泊まり勤務の間、子どもの世話をどうするか、という問題があります。

　子育て経験のある保育士は皆「夫婦だけで両立させることは無理」と言います。子育てと仕事を両立できた人は、保育所への送迎を含め、育児をサポートしてくれる人（親世帯、近所の人、ベビーシッターなど）を見つけています。

　また、小さな子どもを持つ保育士に対して、まわりの同僚や雇用者がサポートし、働きやすい職場づくりに努めている職場もあります。いかにして信頼できる子育てパートナーを見つけるか……、制度の利用だけでなく、そうした周囲の人たちの協力も不可欠なのです。

女性労働者が小学校入学前の子どもの育児のために利用するもの

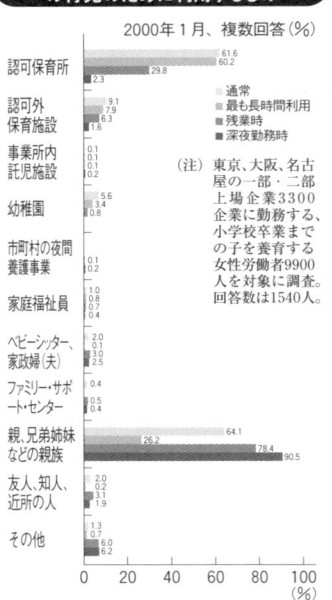

2000年1月、複数回答（％）

認可保育所　61.6 / 60.2 / 29.8 / 2.3
認可外保育施設　9.1 / 7.9 / 6.3 / 1.6
事業所内託児施設　0.1 / 0.1 / 0.1 / 0.2
幼稚園　5.6 / 4.8
市町村の夜間養護事業　0.1 / 0.1
家庭福祉員　1.0 / 0.7 / 0.4
ベビーシッター、家政婦（夫）　2.0 / 0.5 / 0.7
ファミリー・サポート・センター　0.4 / 0.5 / 0.2
親、兄弟姉妹などの親族　64.1 / 26.2 / 78.4 / 90.5
友人、知人、近所の人　2.0 / 2.1 / 3.3
その他　1.3 / 0.7 / 6.0 / 6.2

凡例：通常／最も長時間利用／残業時／深夜勤務時

（注）東京、大阪、名古屋の一部・二部上場企業3300企業に勤務する、小学校卒業までの子を養育する女性労働者9900人を対象に調査。回答数は1540人。

労働省「育児・介護を行う労働者の生活と就業の実態等に関する調査」による

産休、育休って何？

answer
育児と仕事とを両立させるために不可欠な制度です

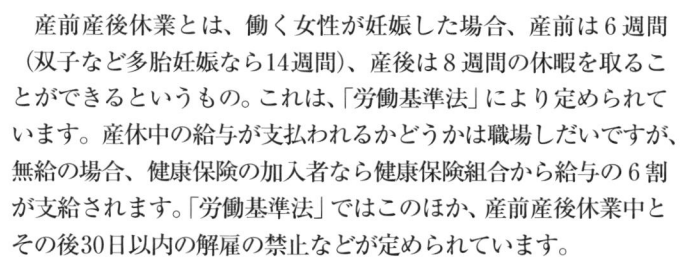

　産前産後休業とは、働く女性が妊娠した場合、産前は6週間（双子など多胎妊娠なら14週間）、産後は8週間の休暇を取ることができるというもの。これは、「労働基準法」により定められています。産休中の給与が支払われるかどうかは職場しだいですが、無給の場合、健康保険の加入者なら健康保険組合から給与の6割が支給されます。「労働基準法」ではこのほか、産前産後休業中とその後30日以内の解雇の禁止などが定められています。

　また、子どもが1歳（事情によっては1歳6か月）未満の間、母親または父親が希望すれば、育児のための休暇を取ることができると「育児休業、介護休業等育児又は家族介護を行う労働者の福祉に関する法律」で定められています。性別を問わず、子育て中の労働者の雇用を継続、あるいは再就職を促進して、労働者の福祉の増進をはかろうというものです。育休中の給与に関して、雇用保険の加入者は、67％（育休開始から181日目以降は50％）が「育児休業給付金」として雇用保険から支給されます。

　育児休業を取らない場合は、子どもが3歳未満の間、勤務時間を短縮することが可能。たとえば、職場の短時間勤務制度やフレックスタイムを利用するケース、始業時刻や終業時刻を変更するケースが多いようです。

　同法には看護休暇についても規定されています。労働者は、小学校に入る前の子どもが病気やけがをした場合に、年に5日（該当する子どもが2人以上いる場合は10日）までの看護休暇を取ることができるというもの。看護休暇は申し出により取得可能で、事業主は拒むことができません。この点は育児休業も同様です。

第3章

3.

保育士ならではの
職業意識、満足度は?

●子どもの成長を実感できるのがいちばんの魅力

　保育士は、子どもに言葉を中心としたコミュニケーション手段ではたらきかけます。そして、そのはたらきかけが、子どもの心身の発達をサポートします。

　もちろん、そのコミュニケーションはいつもスムーズにいくとはかぎりません。たとえば、就職していきなり0歳児を担当したある保育士は、「おむつを替えたこともないのに、うんち、おしっこと格闘する毎日。話しかけても、相手の赤ちゃんは理解しているのかいないのか……。"これが私の仕事?"と疑問を持ちました」と言います。それでも、毎日世話をするうちに、子どもは日一日、めざましく成長していきます。「そのうち、赤ちゃんが身振りや表情で意思を表すようになり、つたないながらも言葉のやりとりができるようになってきます。そして、自分への信頼感を子どもが示すようになると、"やっぱりこの仕事を選んでよかった"とうれしくなったものです」。

　たとえケアの相手が障害児・者、むずかしい年ごろの青少年だったとしても、同じことがいえます。日々のコミュニケーションの積み重ねで、相手が自分に対して何かを伝えようとし、また自分が相手の内面を理解することが可能となる……。ケアの相手とともに自分も成長していることを実感、そこにこの仕事の手ごたえがあるのです。

　また、仕事への評価は、子どもからダイレクトに伝わってきます。「保育の手を抜かず、"こうありたい"という気持ちを大切にしてやっていけば、直接子どもから"楽しかった!"という反応が返るようになります。これが自分への仕事の評

受容
相手の行動、態度などを、自分の価値観で判断して接するのではなく、相手の「あるがまま」を受け入れ、そこから問題を解決しようとすること。

価となり、支えとなっています」という声もありました。

　保育士養成校の卒業生を対象とした調査（「指定保育士養成施設卒業生の卒後の動向及び業務の実態に関する調査報告書Ⅰ」全国保育士養成協議会、2009年）によると、「子どもの成長が感じられたとき」「子どもとの信頼関係が深まったとき」に仕事のやりがいを感じる、と大多数の人が答えています。次いで「保護者から感謝されたとき」「保護者と子どもの成長を喜び合えたとき」も高い割合を示しており、コミュニケーションの成立がやりがいをもたらすといえそうです。

●**責任の重さをやりがいにして、さらに学ぶ**

　保育士は、子どもの生活・発達にトータルにかかわります。そこに責任の重さがありますが、同時にやりがいにもなっています。ケアの内容は、一見、普通の子育てと同じですが、保育士が「保育のプロ」として認められるゆえんは、「見通し」や「ねらい」を持って、チームで保育を行う点にあります。発達の「見通し」や保育の「ねらい」は、「保育所保育指針」をもとにそれぞれの保育所で立てられますが、その際、保育士一人ひとりの保育観も問われます。

　また、保育士は、さまざまな子どもがケアの相手となります。これらすべてを偏見なく「受容」することも、保育のプロに求められる第一歩です。しかしそれは、子どもを「一律に扱う」という意味ではありません。一人ひとりの存在を受容すれば、おのずと一人ひとりに最適な保育を提供することが求められてきます。

　特に、障害のある子ども、複雑な背景を抱える子どものケアとなると、資格取得のための勉強だけでは足りない、高い専門性が要求されます。先述の調査報告書では、専門性を強く意識する場面として「子どもの内面を理解しようとする」「子どもの体調の変化や異変に気づく」「保護者への支援や助言を行う」が上位3つで、それぞれ5割を超えていました。また、専門性を高めるために「自分の保育について評価と反省を行う」「職場以外の研修に参加する」「職場の人から意見や見解を聞く」などの努力をしており、「対応がむずかしい子どもへの保育」「障害のある子どもの保育や支援」についての研修を6割以上の人が望んでいると報告されています。保育士は、資格取得後も、さらなる研修などで知識・技術を身につけることが求められ、自らもそう望んでいるといえるでしょう。

##〈インタビュー2〉

身体障害者通所授産施設の指導員にきく
相手世界の実現を手伝う、そこに喜びが

話をきいた人●田端　幸子さん（1979年生まれ）

——現在の職場について、教えてください。

　ここ加賀福祉園には、知的障害者のための通所授産施設である「第一実習ホーム」、身体障害者のための「第二実習ホーム」、それから知的障害児通園施設の「児童ホーム」の3つの施設が併設されています。私が配属されているのは、身障者のための「第二実習ホーム」ですね。利用者は、皆さん成人です。

　利用者は、10：00～15：00の間、食事や休憩、おやつの時間をはさみつつ軽作業に取り組んでいます。ワープロ入力、封筒印刷、視覚障害者のための広報テープのダビングと発送、メーカーの下請けで商品の封筒を袋詰め、園芸、菓子調理、CG（コンピュータ・グラフィックス）制作なんていうのもあります。

——そこでの保育士の役割は何でしょうか。

　まず作業のサポート。道具をセッティングし、作業しやすいよう介助します。初めての仕事だと、「だれが何をする」といった役割分担や、作業の流れを皆さんに理解していただくまでに時間がかかります。でも、皆さんがひと通り流れを理解し作業すれば、あとはお任せ。作業の始めと終わりなど、要所要所で介助をしつつ、私は身障者の方にはちょっとむずかしい手作業をせっせとこなします。

　それから、身のまわりのお世話。手の使えない人の場合は、食事の介助、車いすの人にはトイレ介助があります。大人相手の介助ですから、こちらの身体がきついことも。ですから、きちんと介助をするには、日ごろの健康管理が大切です。

遠足や夏祭りなど年間行事の企画・運営もありますし、予算割りや消耗品の購入などの事務手続きもあり、勤務時間の8：15～17：00の間は、フル回転です。
──そもそも、こうした施設で働くことになったきっかけは。
　高校時代、ボランティアで知的障害児のキャンプに参加していたんです。いっしょに寝て、いっしょに遊んで……。頼りにされるのがすごくうれしかった。それで、「子ども相手の仕事をしたい」と保育士の資格を取ることに。ところが、学校の実習で知的障害者の入所更生施設に行ったところ、楽しくて。「こういうのがやりたい！」と、障害者のための施設をめざすことにしました。
　板橋区の採用試験に挑戦しましたが、保育士は一括採用。どこに配属されるかわかりません。面接で障害者のための施設を希望しても、「枠が少ないからむずかしいよ」なんて言われて。結果的にはここに配属されてラッキーでした。
──実際に働いてみて、イメージとのギャップはありませんでしたか？
　この第二実習ホームに配属されたときはちょっととまどいました。というのも、これまで接してきたことのあるのは、子どもか知的障害者。それがここの利用者は大人の身体障害者で、どう接していいのかわからない。つい相手を子ども扱いしていたら、利用者から「あなたは保育士かもしれないけれど、私たちは子どもじゃないのよ」とさとされて。「あっ、この人たちの内面は普通の大人なんだ、何を勘違いしてたんだろう」と。それ以来、接し方を変えました。「さん」づけで呼んで、敬語で話しかけて……。いまではすっかり仲良くなって、「ちゃん」づけ、友達口調でお話しすることが多いですけどね。
──保育士として職場で心がけていることは。
　「かわいそう」気分にひたらないこと。学生時代、「障害者は弱者じゃない、ハンディがあるだけだ」と、あえて厳しくすることの大切さを教わりました。その人の生活技術を高めるために、何でもかんでも手伝うのではなく、危なっかしくても、できることはあえてしてもらう。そういう気持ちです。
　また、子どもの成長にふれるのとは違いますが、日々接するうちに、相手の世界に奥深く入っていくことができる、CGアートのような、新しい表現法を開花させるお手伝いをすることもできる、そういう喜びをかみしめ、働いています。
（取材は2000年5月）

たばた　さちこさん
1999年武蔵野短期大学卒業、保育士資格取得。同年、板橋区の福祉職として採用され、板橋区立加賀福祉園の身障者通所授産施設・第二実習ホームに配属。

メモ ⑤

[ともに働くのはどんな人たち?]

answer
看護師、児童指導員…
さまざまな職業の人と連携します

　直接子どもをケアする保育士と、同様の立場で働く人たちがいます。たとえば、児童指導員。児童福祉施設で生活する0〜18歳の子どもが健やかに成長できるよう、生活指導する専門職です。児童指導員と保育士は、児童養護施設や障害児のための施設でともに働くこととなり、その仕事内容はほぼ同じです。

　この児童指導員になるには児童指導員任用資格が必要で、大学の学部で心理・教育・社会学を専修する学科を卒業した人、また、その成績が優秀で大学院への入学を認められた人、大学院で心理・教育・社会学を専攻して卒業した人、小・中・高いずれかの教員となる資格があり、厚生労働大臣または都道府県知事が適当と認めた人、3年以上児童福祉事業に従事した人で厚生労働大臣あるいは都道府県知事から適当と認められた人、児童指導員養成学校を卒業した人、高校を卒業し2年以上児童福祉事業に従事した人、のいずれかに該当すれば、有資格者となります。

　一方、乳児院では、看護師が中心となって子どもをケアし、保育士は、医師、看護師とともに子どもを見守ることになります。障害児のための施設においても、医師、看護師、障害に応じた日常生活訓練を行う作業療法士、機能回復訓練を行う理学療法士、心理療法を担当する職員などがいます。保育士は、こうした人たちと話し合いながら、適切な保育を行います。

　そのほか、各施設には栄養士や調理員がいます。保育士は、これらの人たちと、一人ひとりの体質や発達の程度に合わせた適切な食事を提供できるよう、話し合います。また、学校関係者や児童相談所のケースワーカーなどと連絡をとる場合もあります。

●第3章
職業生活の実際を正しく理解できた？

立ち止まってチェック！

Step1 次にあげる項目のなかで、保育士の職業生活についてあなたのイメージに近いものに○をつけてみましょう。

1. (　) 公務員として採用されれば、9:00〜17:00と規則正しく勤務できる。
2. (　) 入所施設で働くと、日曜以外に休みを取ることになる。
3. (　) プライベートな時間も犠牲にして、仕事に打ち込むのが理想的な保育士。
4. (　) 資格取得のための勉強さえすればどんな職場でも通用する。

Step2 あなたのイメージに合っていた？（○正しい　△不正確　×誤り）

1. (×) 入所施設に配置されれば夜勤や宿直がありますし、保育所でも延長保育を行うところなら、早番、普通番、遅番など勤務時間帯も幅広くなります。
2. (△) 日曜・祝日でもだれかが勤務する入所施設では、ローテーションで土・日曜、祝日の休みを取れるよう工夫している施設もあります。
3. (×) やりがいがあり好きな仕事でも、ストレスがたまったり、体力的につらいと思うときもあるもの。常に明るく子どもに接し、仕事を長続きさせるには、プライベートタイムでのリフレッシュが大事です。
4. (△) 資格取得で就職はOKでも、世話をする相手、かかわっていこうとするサービス内容によって、資格取得後も就職後も、より専門的な知識・技術を身につけていきたいものです。

メモ⑤／立ち止まってチェック！

```
         ┌─────────────┐
         │  プロローグ  │
         └──────┬──────┘
                ▼
 ┌───┐   ┌─────────────┐
 │第1章│  │ 資格のあらまし│
 └───┘   └──────┬──────┘
                ▼
 ┌───┐   ┌─────────────┐
 │第2章│  │ 職場のいろいろ│
 └───┘   └──────┬──────┘
                ▼
 ┌───┐   ┌─────────────┐
 │第3章│  │  働く現実   │
 └───┘   └──────┬──────┘
                ▼
 ┌───┐   ┌─────────────┐         あなたはいまここ!!
 │第4章│  │ 将来の可能性 │ ◀──── ┌──────────────┐
 └───┘   └──────┬──────┘         │保育士の待遇や働き│
                ▼                 │方の現状を理解した│
 ┌───┐   ┌─────────────┐         └──────────────┘
 │第5章│  │ 進路の選び方 │
 └───┘   └─────────────┘
```

第4章

今後はどうなるの?
保育士の役割、
そして仕事内容

社会情勢やライフスタイルの変化とともに
「子育てがむずかしい」と感じる人が増えてきて、
社会による多様な「子育て支援」が求められるようになってきました。
保育士にも、これまでより広い分野で保育の専門家としての役割が
期待されるようになってきています。今後、保育士には
どんな仕事が求められていくことになるのでしょうか?

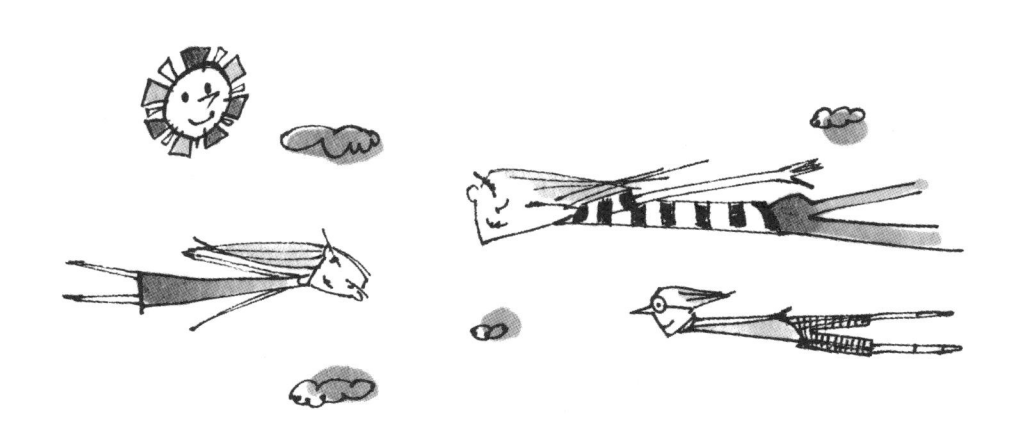

第4章

1.
社会、そして地域で担う子育てに

●子どもを安心して育てられる社会に

　活気があふれ、あらゆる人が安心して暮らせる社会をつくるには、少子化を食い止め、子どもたちが健やかに育っていける環境づくりが大切です。その環境づくりの一端を、保育所や保育士も担うことが求められるようになってきました。まず、その背景について説明しましょう。

　現在、日本で子どもを生み育てるには、さまざまな不安がつきまとっています。「経済的な負担が重い」「子どもをどう育てていいのかわからない」「育児と仕事の両立がむずかしそう」「貧困や格差が深刻化するこの社会で、子どもを幸せにする自信がない」「収入が不安定で」……。

　こうした不安を解消するべく、国が2004年に打ち出したのが「少子化社会対策大綱」であり、それをもとにした「子ども・子育て応援プラン」です。それまでは子育て支援といえば保育所増設や保育サービスの充実に重点が置かれていたのですが、これ以降、子育て支援の内容は、妊娠・出産から子どもが自立するまでを総合的に支えようとするものとなりました。保育サービスの充実のほかに、若者の自立のためのキャリア教育や就労支援、仕事と育児の両立のためのワーク・ライフ・バランスの見直しなども推進されるようになっています。

　保育サービスに関しても、その対象がぐっと広がっています。保護者の仕事の有無にかかわらず、すべての子育て家庭が対象となったのです。こうした流れは、2010年に閣議決定で打ち出された「子ども・子育てビジョン」（P.81図参照）にも引き継がれ、「社会全体で子育てを支援する」という流れが明確になりました。2015

子ども・子育て支援新制度
2012年に成立した「子ども・子育て関連3法」に基づき、幼児教育、保育、地域の子ども・子育て支援を総合的に推進することを目的に実施される新制度。市町村が実施主体となり、子ども・子育て支援計画を策定する。

一時預かり
日ごろ保育所を利用していない保護者などが、一時的に家庭で子どもを保育できなくなった場合、保育所などで子どもをあずかる事業。

年度からは、「子ども・子育て支援新制度」がスタートする予定となっており、保育所の「地域の子育てを支援する」という役割がさらに重視されていくことでしょう。政府が打ち出す子育て支援策は、保育所のあり方や保育士の仕事にも大きな影響を与えます。今後もその動向に注目したいところです。

● 一時預かりなどで、保育所も専業主婦の子育てを支援

核家族化が進み、また隣近所との付き合いが希薄化している今日、子育てで悩みが生じても、経験豊かな年長者から協力や助言を得ることはむずかしくなっています。とりわけ3歳未満の乳幼児を持つ母親は、そのほとんどが仕事を中断していることもあり、社会との接点をなくしたまま手探りで子育てに取り組み、孤立感、不安感、負担感を深めています。

こうしたなか、保育所は、「地域子育て支援センター」として孤立しがちな保護者たちをサポートするこ

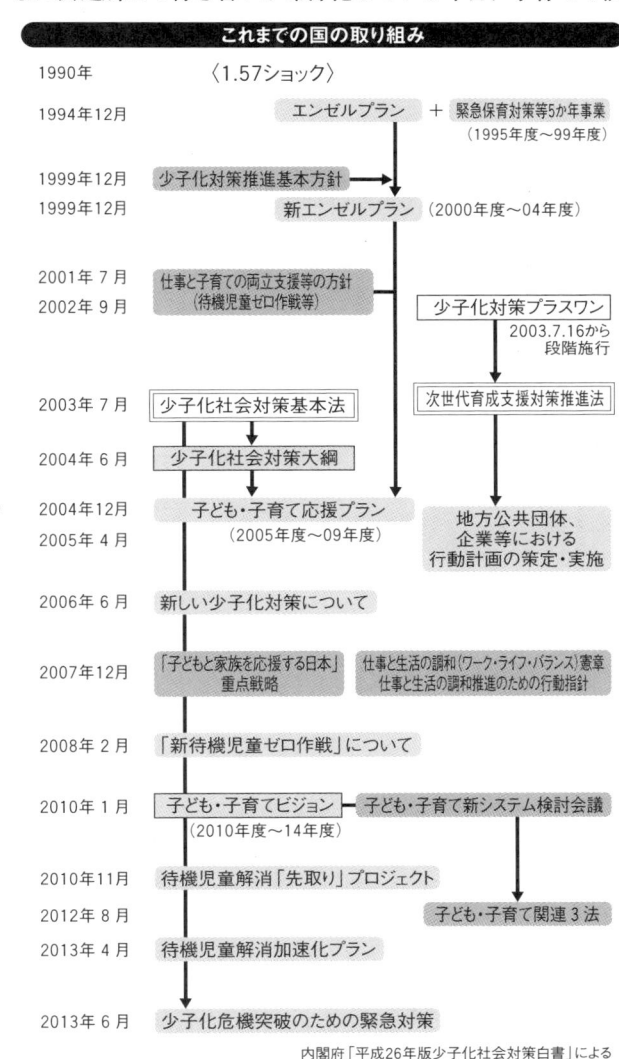

これまでの国の取り組み

1990年	〈1.57ショック〉
1994年12月	エンゼルプラン ＋ 緊急保育対策等5か年事業（1995年度〜99年度）
1999年12月	少子化対策推進基本方針
1999年12月	新エンゼルプラン（2000年度〜04年度）
2001年7月	仕事と子育ての両立支援等の方針（待機児童ゼロ作戦等）
2002年9月	少子化対策プラスワン（2003.7.16から段階施行）
2003年7月	少子化社会対策基本法／次世代育成支援対策推進法
2004年6月	少子化社会対策大綱
2004年12月 / 2005年4月	子ども・子育て応援プラン（2005年度〜09年度）／地方公共団体、企業等における行動計画の策定・実施
2006年6月	新しい少子化対策について
2007年12月	「子どもと家族を応援する日本」重点戦略／仕事と生活の調和（ワーク・ライフ・バランス）憲章・仕事と生活の調和推進のための行動指針
2008年2月	「新待機児童ゼロ作戦」について
2010年1月	子ども・子育てビジョン（2010年度〜14年度）／子ども・子育て新システム検討会議
2010年11月	待機児童解消「先取り」プロジェクト
2012年8月	子ども・子育て関連3法
2013年4月	待機児童解消加速化プラン
2013年6月	少子化危機突破のための緊急対策

内閣府「平成26年版少子化社会対策白書」による

とが求められています。

　たとえば、地域開放日を設けて近隣の親子を招き、招かれた親子同士で交流をもってもらったり、育児相談にのったりする試みもそのひとつ。絵の具遊びなど家庭ではなかなか取り組めないプログラムを用意することもあります。

　また、保護者が病気などのときに「一時預かり」を行ったり、パートタイムなどの保護者のために「特定保育」を行う保育所も増えてきました。

　「一時預かり」は、スタート当初は、仕事や病気などやむをえない事情での利用が想定されていましたが、子育て支援の概念の変化とともに、保護者のリフレッシュのための利用も受け入れられるようになりつつあります。

　一時預かり（一時保育）事業に先進的に取り組んでいた東京都多摩市のバオバブ保育園では、早くから一時預かりのための専用スペースや保育士を確保し、「ボランティア活動をしたい」「生涯学習で学校に通うため」といった理由での利用も受け入れてきました。

　こうした「地域子育て支援センター」事業や「一時預かり」事業など、数々の支援は、児童虐待防止の観点からも、重要なものとして位置づけられています。

●**地域住民による子育て助け合いの輪が広がる**

　一方、地域住民の力を借りる子育て支援の輪も広がりつつあります。そのひとつが、全国の市区町村で設置が進んでいるファミリー・サポート・センターです。これは、地域において育児や介護の援助を受けたい人と援助を行いたい人が会員となり、育児や介護について助け合う会員組織です。具体的な援助内容としては、保育園の送迎やその前後の保育、保護者の病気や用事の際のあずかりなどです。

　援助を受ける人にとっては、自宅や近所の一般家庭で子どもを地域の人にみてもらう安心感があります。援助を行う人にとっては、かつての育児経験や保育士資格などを生かしながら自分のペースで育児支援する、という生きがいづくりにもなっています。

　「子ども・子育てビジョン」では、子育て力のある地域社会をつくるため、ファミリー・サポート・センターのさらなる普及推進や、NPOによる地域子育て活動の支援をうたっています。

特定保育
パートタイム勤務や育児短時間勤務などの保護者のために、保育所で子どもを一定期間（月におよそ64時間以上）継続的に保育する事業。

ファミリー・サポート・センター
仕事と、子育てや介護の両立を支援する目的で労働省（当時）が構想、1994年度にスタートした事業。現在は子育て家庭すべてが対象。センターの設立運営は市区町村が行い、2013年度は全国738か所で実施。

●保育のプロとして、ソーシャルワーク的な働きも求められるように

前述のように地域住民による育児支援が推進されるなか、保育所や保育士による子育て支援では、保育のプロならではの活動が求められます。

保育所には、保育の専門職として多くの子どもの育ちに接している保育士のほか、看護師、栄養士などの各種専門職もかかわっています。ですから、こうした専門職の知識を生かした支援が一体となって行われることが期待されています。

また、保育所は公的施設として、さまざまな機関との連携や協力が可能です。深刻な悩みを抱える家庭に対しては、保育士はソーシャルワークの知識や技能を一部活用しながら援助を行うことになります。

●保育所の社会的責任が強まる

保育所の役割が幅広くなりつつある現状をふまえ、「保育所保育指針」では、保育所が守るべき3つの事項を「保育所の社会的責任」として規定しています。

① 保育所は、子どもの人権に十分配慮するとともに、子ども一人一人の人格を尊重して保育を行わなければならない。

② 保育所は、地域社会との交流や連携を図り、保護者や地域社会に、当該保育所が行う保育の内容を適切に説明するよう努めなければならない。

③ 保育所は、入所する子ども等の個人情報を適切に取り扱うとともに、保護者の苦情などに対し、その解決を図るよう努めなければならない。

保育士も、この社会的責任を意識しながら、高い意識で働くことが求められているのです。

子ども・子育てビジョンの基本的考え方と施策

基本的考え方

① 社会全体で子育てを支える
- 子どもを大切にする
- ライフサイクル全体を通じて社会的に支える
- 地域のネットワークで支える

② 「希望」がかなえられる
- 生活、仕事、子育てを総合的に支える
- 格差や貧困を解消する
- 持続可能で活力ある経済社会が実現する

政策4本柱

① 子どもの育ちを支え、若者が安心して成長できる社会へ
② 妊娠、出産、子育ての希望が実現できる社会へ
③ 多様なネットワークで子育て力のある地域社会へ
④ 男性も女性も仕事と生活が調和する社会へ（ワーク・ライフ・バランスの実現）

保育関連施策

(5) だれもが希望する幼児教育と保育サービスを受けられるよう
・保育所待機児童解消
・幼保一体化
・「子ども・子育て新システム」推進
・放課後子どもプラン推進 など

(8) 特に支援が必要な子どもへの支援
・健やかに育つための支援
・障害のある子ども・児童虐待防止 など

(9) 子育て支援の拠点やネットワークの充実が図られるように
・乳児の全戸訪問
・ファミリー・サポート・センターの普及 など

内閣府「平成22年版子ども・子育て白書」による

ソーシャルワーク
生活課題を抱える対象者と、対象者が必要とする社会資源との関係を調整しながら、対象者の課題解決を支える一連の活動をさす。

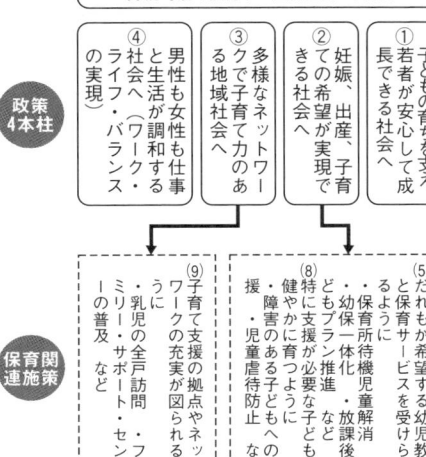

ルポ❻

取材先◎足立区立元町保育園
職種◎公立保育所の保育士

保護者や地域住民を巻き込む開かれた保育を実現するには保育士の意識改革も必要

地域とのつきあいはあいさつから

　荒川土手のすぐそばにある都営団地の1階部分、そこが元町保育園のスペースだ。園庭をぐるっと囲むように、14階建ての団地が並んでいる。そのため、園の前の道は、周辺住民の生活道路にもなっている。その道路から園庭をのぞき込んでいると、気づいた保育士が「おはようございまーす」と笑顔であいさつ。こちらも自然に「おはようございまーす」と返せる、気持ちのいいあいさつだった。
　「前の道路を、うちでは"あいさつロード"と呼んでいるんですよ」と佐々木恵美子園長。門の前に立って、保育園にやってきた親子だけでなく、園の前を通る地域住民にもあいさつをしている。「毎朝あいさつをして、行事があるたびに"こういうことをやります、見に来ませんか"とご近所に一声かける。それで園への理解が深まって子どもへの視線も温かなものとなり、騒音などに関する苦情もぐんと減るんです」とあいさつの効用を語る。
　「いくら保育内容がよくても保育士がぶすっとしていたらだめ。笑顔も福祉のうちです」と言う園長の口ぶりは、まるでサービス精神を説く企業経営者のようだ。
　それを反映して、元町保育園の保育士には、基本的なマナーを身につけることが求められている。電話の応対ひとつとっても、「ベルが5回以上鳴ってから出たら、"お待たせいたしました"とまず言う」「きかれなくても自分から名乗る」「病欠の連絡には、ようすをきちんときいて"お大事に"の一言を添える」……。こ

足立区立元町保育園●DATA

1971年開設。1歳児10人、2歳児15人、3歳児20人、4歳児21人、5歳児21人の計87人。職員は、保育士10人、給食調理員1人、用務1人、保育業務補佐員4人、特例保育パート2人、障害児枠パート1人。3年ほど前から地域とのネットワークづくりに力を入れ、交流事業などを行っている。

れらは、一般企業に入れば最初に教えられるあたりまえのビジネスマナーなのだが、保育園でこれが徹底されているところはまだまだ少ない。いくら「地域に開かれた保育園」のお題目をかかげていても、職員のマナーがなっていなくては、外部の人間は寄ってこない。あいさつは「開かれた保育園」への第一歩なのだ。

●追いかけた人

石井眞理子さん／1961年生まれ。82年、土浦短期大学保育科卒業、保育士資格と幼稚園教諭二種免許状取得。同年、足立区に採用され、2つの保育所を経て、99年から元町保育園勤務。

　きりん組（4歳児クラス）を受け持つ石井眞理子さんも、子どもたちと荒川土手に散歩に出かけ、すれちがう住民と「おはようございます」と気軽に声をかけている。住民たちも、子どもたちに「おはよう」と笑いかけてくれる。「私たち保育士が進んであいさつすることで、子どもたちも自然と近隣の方々にあいさつするようになりました」と石井さん。

枠にはまらず人を受け入れる

　園児の祖父母を招く「新年ふれあい会」、老人館（地域のお年寄りのための娯楽・文化施設）のお年寄りと楽しいひとときを過ごす「ふれあい会」など、地域の住民と交流する試みは、佐々木さんが園長として元町保育園に異動してから3年ほどで特に活発化した。このほかにも「もとまちっこシアター」なる発表会では保護者と地域住民を招待。また、「地域の子育てネットワークをつくる」という考えをもとに、地域の小学校、児童館、保育園、幼稚園と連携。バスの中での園長同士の立ち話をきっかけに始まった千住保育園、元宿幼稚園とのドッジボール大会のほか、他園や小学校の行事に子どもと職員で参加するなどの動きも。児童館に通う乳児を運動会に招待もした。

　そうしたイベントがなくても、ふだんから園庭には、地域の赤ちゃん連れや学童クラブの子どもたちが出入りしている。「卒園してからも、遊びに来てくれるのはうれしいですね」と石井さん。もちろん、ノーマークで出入り自由にしているわけではない。見知らぬ子が園庭に

荒川土手で、芝すべり。

ふらりと入ってきたら、「こんにちは、事務所で園長先生にあいさつしてってね」と一声かける。

こうした園と地域との交流について、昨年、区内の他園から異動してきた石井さんは「同じ公立保育園でも、こんなに開かれているものなのか」と驚いたという。「ただ、他施設などとの交流行事は、向こうの担当者との打ち合わせや、行事のための準備と、けっこう大変なんです。残業も増えるし……。でも、たとえば老人館との交流行事で、核家族で育つ園児がお年寄りに親しむようになったのはもちろん、おじいちゃんおばあちゃんが、涙を流して喜んでくださる姿を見ると、"やってよかった"と思います」。

保護者も巻き込んで

こうした保育園のやり方が園の自己満足に陥らないよう、保護者に行事や日常の保育に関する評価をアンケートで求めている。「アンケートのなかで批判があれば改め、ほめられればいっそう励みになります」と園長。こうした積み重ねが、信頼関係を築く礎となっているのだろう。

アンケートでとりわけ好評だったのが、「いつでも好きなときに保育参観できる」というやり方。「参観日を"この日"と決めると、先生も子どもも緊張してしまい、いつもの保育をお見せできません。保護者の都合のいいときに来ていただいています」。保護者にもどんどん園を開放していこうというわけだ。

この方法をとるようになって、父親の保育参観が増えたという。「保育士も、参観する父親をヒーローに仕立て上げてその日の保育を展開するなど、親を引き込む工夫をしています。父親もそれにこたえ、ある人はマジシャンになり、ある人は体操の先生になり……」と保育「参加」を楽しんでいるという。もちろん母親も参加。なかには、水着を持参して子どもたちといっしょにプールに入る母親も。「自然体の子どもたちを見て、保護者も育児の悩みが解消するみたいです。"わからんちんはうちの子だけじゃなかった"って(笑)」。

ソーシャルワークのセンスがほしい

こうした保護者との交流は、保育士の仕事のなかでも、大きなウエートを占めるようになってきている。最近の親子をめぐる環境の変化について、園長は言う。

ある日の石井さん

8:30	10:00	11:30	11:40	13:00	14:45	15:00	15:30	17:15
出勤	歌、お話読み 自由遊び 登園視診	土手へ散歩に出かける	紙芝居を読む 着替え	食事	午睡		おやつ 自由遊び	退勤 お迎え(1日のようすを保護者に伝える)

「子ども時代は昔とそんなに変わらないんです。むずかしいことになってるのは、保護者のほうなのよね」。

保育園は「保育に欠ける子」をあずかる福祉施設という位置づけなのだが、その「保育に欠ける」の内容が、変化してきているのだ。

共働きといった事情だけでなく、家族関係が複雑化していたり、あるいは孤立した育児に追い詰められる親が増えつつあるという。そうした親の精神的な負担を軽くすることができれば、子育てはもっと楽になる。子どもの健全な発達をサポートするには、保護者のケアも欠かせない仕事なのだ。

「子どものことではなく、お母さん自身の悩みを聞いてほしい、という方が増えています。ですから、登園時は子どもを視診しつつお母さんのようすも見ています。ちょっと疲れているようなら、子どももストレスを抱えているのではないかなど、日中の保育で目をかけたりしています」と石井さん。逆に、日中の子どものようすがいつもと違うことに気づけば、お迎え時に「今日は○○なようすだったけど、お家ではどうですか？」と気遣ったりもする。

また、園側の要望を伝えるときも、「朝、もう少し早く来れるといいですね」とダイレクトに言うと、保護者が反発することもあるので、まず、保護者に事情をきいてみる。そして、「それは大変なのですね」と相手の気持ちを受け止めてから話を進める。「実際、朝、子どもが母親から離れたがらず泣いているときでも、"大丈夫、大丈夫"と言うよりも、"そうだよねー、お母さんがいちばんだもんねー"と言うほうが、すっと泣きやんだりするんです。相手が子ども、保護者を問わず、まず"共感する"ことが大切なんです」と石井さん。保育園に地域の子育て支援が求められる今後はさらに、こうした親の気持ちに寄り添う話し方を身につけることが必要となってくるだろう。

石井さんは、これから保育士をめざす人に対するアドバイスとして「心理学的、ソーシャルワーク的な勉強もしっかりしておいたほうがいいでしょう」とコメントしてくれた。　　（取材は2000年5月）

お迎えのときに1日のようすを伝える。

第4章 2.
増大する保育ニーズとサービスの多様化への対応は？

●多様な保育サービスが提供されるようになってきた

保護者の働き方が多様化していることで、「エンゼルプラン」以来、次のような保育の充実が進められています。

【延長保育】保護者の労働時間の長時間化などに対応するため、11時間の開所時間を超えて保育を実施。

【休日・夜間保育】サービス業や医療・介護などの仕事に従事し、休日や夜間も働く保護者のために、休日や祝日、夜間に保育を実施。

【病児・病後児保育】子どもが病気の際、保護者が仕事を休めないなどの理由で自宅での看病が困難な場合に、病院や保育所などで病児を一時的にあずかる。

【特定保育】パートで働く保護者などが、週2～3日程度、または午前か午後のみなど、必要に応じて柔軟に利用できる保育サービス。

子育て支援の観点から、そして「選ばれる」保育所をめざしての利用者寄りの発想から、今後もこうした保育サービスの充実は進んでいくことが予想されます。それにともない、保育士にもいっそう柔軟な働き方が求められるようになります。そのなかで保育の質をいかに保っていくか、今後の課題となっていくでしょう。

●待機児童を解消するための対策強化

女性の社会進出が進んでいること、また景気の低迷が長期化していることなどから、共働き家庭は年々増えており、保育のニーズはますます増大しています。2003年、国は「待機児童ゼロ作戦」をスタート。限られた財源のなか、保育所の定員を増やし、また保育所自体の数を増やすため、国は保育所に関するさまざ

待機児童
保育所の定員オーバーにより、希望しても入所できずにいる子どものこと。

家庭的保育事業（保育ママ）
保育者が、自宅などで行う少人数の保育。おもに3歳未満児が対象。「保育ママ」や「家庭福祉員」などの名称で各自治体が独自に実施してきていたが、2010年から児童福祉法上の事業として位置づけられた。

な規制をゆるめ始めました。

　たとえば、定員を弾力化する、自治体と社会福祉法人に限定していた設置主体制限を撤廃してNPOや営利企業の参入を可能にする、公有施設を用いて民間がサービスを提供する公設民営方式を促進する、待機児童が多い地域では園庭の代わりに付近の広場での代用を許可するなどして設備基準を弾力化する……といったぐあいです。これらの量的拡充を進める一方で、保育の質を確保するため、第三者による評価システムも導入されました。

　さらに2008年には、「新待機児童ゼロ作戦」が発表されました。

　「新待機児童ゼロ作戦」では、保育所の整備に加え、自宅で乳幼児をあずかる「家庭的保育事業」（通称、保育ママ）制度や幼稚園の預かり保育、企業内保育所、認可外保育施設の充実がはかられました。また、子どもが小学校入学後も保護者が安心して働けるよう、全小学校区への放課後児童クラブ設置も促されました。

　そして2013年には、「待機児童解消加速化プラン」が策定されました。2014年度までの２年間を「緊急集中取組期間」、2017年度までの３年間を「取組加速期間」として、約40万人分の保育の受け皿を確保することがめざされています。

● 幼保一体化をめざす動きが本格化

　かつて、保育所は「保育に欠ける子ども」を公的責任で保育することを、幼稚園では就学前の幼児教育を行うことを目的として、役割分担を果たしていました。

　しかし、同じ地域に育つ子どもが、通う施設が違うからといって、かけはなれた内容の保育、教育を受けることは望ましくありません。保護者は、保育所に対して「幼稚園のように"教育"してほしい」、あるいは幼稚園に対して「もっと長時間あずかってほしい」といった要望を出してきました。

　子どもたちにできるだけ同じレベルの保育や教育を受けさせたい――こうした保護者の願いを受けて、「保育所保育指針」と「幼稚園教育要領」は、内容をすり合わせて策定されてきたのです。

　一方、自治体側にも財政削減の必要があり、施設を効率よく使うため、1998年ごろから保育所と幼稚園の施設の共用化を導入する地域が出始めました。

　こうした事態を背景に、「いっそ幼稚園と保育所を一体化させてはどうか」と

年齢区分別待機児童数

2013年４月１日現在

	利用児童数		待機児童数	
低年齢児（０〜２歳児）	827,773人	37.3%	18,656人	82.0%
うち０歳児	112,373人	5.1%	3,035人	13.3%
うち１・２歳児	715,400人	32.2%	15,621人	68.7%
３歳以上児	1,391,808人	62.7%	4,085人	18.0%
全年齢児計	2,219,581人	100.0%	22,741人	100.0%

内閣府「平成26年版少子化社会対策白書」による

増大する保育ニーズとサービスの多様化への対応は？

いう「幼保一体化（幼保一元化）」を望む声が出てきたのです。

● 認定こども園に結実

ただし当初は、保育所と幼稚園の所轄官庁が異なることもあり、施設は共有していても保育園児と幼稚園児がカリキュラムを共有したり、職員が兼務したりすることができないという不自然な状態が続いていました。2000年代に入ってからようやく「就学前の教育・保育を一体として捉えた総合施設」のあり方が検討されるようになり、2006年、ついに幼保一体化施設として「認定こども園」制度がスタートしたのです。

認定子ども園では、「就学前の子どもに幼児教育・保育を提供する」機能と「地域における子育て支援を行う」機能を兼ね備え、保護者の仕事の有無を問わず利用することができます。

保育内容についても柔軟な対応がとられています。3歳児以上の子どもには担任による4時間の教育があります。保育時間については、短時間（4時間程度）と長時間（8時間程度）のどちらかを必要に応じて選ぶことができます。

こうした内容を実現するため、職員に求められる資格は、基本的には、
・0～2歳児については、保育士資格保有者
・3～5歳児については、幼稚園教諭免許状と保育士資格の併有が望ましい

とされています。学級担任には幼稚園教諭免許状の保有者、長時間利用児への対応については保育士資格の保有者を原則としつつ、片方の資格しか有しない者を排除しないよう配慮が求められています。

認定こども園には次の4つのタイプが認められています。
・幼保連携型：認可幼稚園と認可保育所とが連携して一体的な運営を行うタイプ
・幼稚園型：認可された幼稚園が保育所的な機能を備えたタイプ
・保育所型：認可された保育所が幼稚園的な機能（幼児教育）を備えたタイプ
・地方裁量型：認可のない教育・保育施設が認定こども園の機能を果たすタイプ

なお、2015年度からは「子ども・子育て支援新制度」の施行に伴い、「幼保連携型」が、学校と児童福祉施設両方の性格をもつ施設として、法的に位置づけられる予定です。制度改正による、認定こども園の設置促進がめざされています。

認定こども園の認定件数

2014年4月1日現在

	件数	（内　訳）			
		幼保連携型	幼稚園型	保育所型	地方裁量型
認定こども園の認定件数	1,359	720	410	189	40

内閣府「平成26年版少子化社会対策白書」による

メモ 6

児童虐待って?

answer
「児童虐待防止法」が成立するなど 対策が急がれています

「小さな子どもがせっかん死」……しばしばニュースざたにもなる家庭内での児童虐待。虐待を受けた子どもは、体だけでなく心にも傷を負い、健全な心身の発達を阻害されます。

家庭という密室の中で起きる虐待から子どもを守るには、個々人の努力だけでなく、組織的な対策が必要です。長期的には地域の子育て支援を充実させ、保護者の過度の子育て負担や不安を解消することが大事ですが、さしあたっては、「いままさに虐待が起きている、起ころうとしている」家庭への対策が急務です。

そのひとつが、2000年5月成立の「児童虐待の防止等に関する法律」です。この法律では、児童虐待を、①身体に外傷が生じる暴行、②児童へのわいせつな行為、③減食または長時間の放置および同居人による虐待の放置、④心理的外傷を与える言動──などと定義。「何人も児童に対し、虐待をしてはならない」と、虐待禁止を明らかにしています。

さらに、虐待を受けて保護された子どもに対する保護者らの面会や通信の制限規定を盛り込んでいます。というのも、児童養護施設などに保護された子どもを保護者が強引に引き取り、その結果虐待を止められず、子どもが心身に重い傷を負ったり命を落としたりというケースが明るみに出てきたからです。

虐待をした保護者は、必要に応じてカウンセリングなどの指導を受けなければならないとも規定されました。また、児童福祉関係者や学校、医療機関などの職員の、児童相談所などへの通告義務が明文化され、保育士も、子育て相談や日々の保育を通じて、虐待の防止、早期発見の責任を負うことを期待されています。

ルポ ❼

取材先◎会津本郷町立会津本郷町保育所
職種◎公立保育所の保育士

敷地内に保育所と幼稚園、デイサービスセンターを併設。互いに行き来して広がりのある保育、教育を実践

幼稚園児、高齢者との触れ合いを企画

　川と緑の自然に恵まれた陶器の里でもある福島県会津本郷町。この町では、2000年から「幼保一元化」の動きを先取りする試みが始まっている。同一敷地内に保育所と幼稚園、そして高齢者向けのデイサービスセンターが併設され、職員や利用者同士の交流がはかられているのだ。

　この日も、旧暦の端午の節句ということで、お年寄り、3歳児クラス以上の保育所児、幼稚園児が集合。10：00から「菖蒲湯」のいわれをデイサービスセンターのホールで幼稚園主任教諭の鶴賀イチさんから聞いたあと、センターの浴室で、子どもたちがつんできた菖蒲とヨモギの束を湯船に浮かべて邪を払う催しが行われた。

　浴室では、車いすに乗ったお年寄り、そして数十人の子どもたちがひしめき合って、浴そうに浮かべた菖蒲をながめ、大満足。子ども同士、あるいはお年寄りと子どもが言葉を交わし合って、にぎやかなひとときを過ごした。このあと、「またねー！」とお年寄りにあいさつし、子どもたちはご帰還。保育所・幼稚園共用の庭で、またいっしょになって遊んでいた。

　そのころ、保育所の2歳児クラスの子どもたちは、まだ行事の意味が理解できないので部屋でお留守番。担任の佐藤邦子さんといっしょに、リズム遊びを楽しんでいた。「今日の行事には参加しませんでしたが、2歳児たちもちょいちょいデ

会津本郷町立会津本郷町保育所●DATA

1953年開設。82年、本郷町立本郷幼稚園設立のため、1〜3歳児を保育。2000年、本郷幼稚園と同一敷地内に改築。4、5歳児の保育および延長保育、子育て支援事業を開始。幼稚園と共同の保育目標を掲げ、世代間交流や、異年齢児交流にも力を注ぐ。市町村合併で2005年より会津美里町立本郷保育所。

イサービスのお部屋へおじゃましていますよ」と佐藤さん。「このへんでも、核家族が増えて、お年寄りを知らない子が増えています。クラスの子もお年寄りを見て驚いていました。でも、2回めからは"テテ（手）サワッタヨ"

●追いかけた人

佐藤邦子さん／1950年生まれ。71年東京保育専門学校卒、保育士資格取得後、本郷町保育所勤務。85年本郷町立幼稚園に異動、92年幼稚園教諭二種免許状取得。2000年より同保育所勤務。

なんて、スキンシップを楽しんでいましたね」。もちろん、お年寄りも子どもたちの来訪を楽しみにしていて、「○○の孫だべ？」などと声をかけてくる。
　「一度、子どもが2人ほどいなくなってしまって。どこかと思えば、デイのお部屋にあがりこんでいて（笑）、遊んでもらっていました。今後は、もっと交流の機会を増やしたいですね」。

保育目標は幼稚園の教育目標と同じもの

　庭で保育所、幼稚園の区別なく遊んでいる子どもたちだが、昼食、お昼寝の時間になると、保育所の子どもたちは保育所スペースに戻ってきた。11：30すぎ、佐藤さんも、2歳児たちの食事の面倒を見ている。まだ完全には自立できていない年ごろゆえ、「はい、フォーク持って、あーんして……、あら上手に食べられたわねー」と励ましつつ食べさせなくてはならない。食事の前後も手洗いやおむつ交換、うがいなどで30分近く取られてしまう。佐藤さんが子どもたちを皆寝かしつけて、ようやく取材にゆっくりと答えることができるようになったのは13：00ごろになってからだった。
　その佐藤さんが、担当児のお昼寝の合間をぬって庭に出ると、幼稚園の園児たちが「くにこせんせー！　ニコニコ、ニコせんせー！」と集まってくる。実は佐藤さんは、前年までは幼稚園の4歳児クラスを受け持っていたためだ。職員も、子どもたちも、「保育所と幼稚園、どっちの子だっけ？」と区別することなく、枠にとらわれず交流しているのだ。「小さな町だと、とかく"保育所の子、幼稚園の子"という区分けを小学校まで引きずりがち。それは避けたい」と言う。その思いは職員の間でも一致していて、年

デイサービスセンターで菖蒲湯の行事を開催。

間の保育目標、教育目標も統一。年間行事、保護者会も合同で行っている。

　保育所と幼稚園が同一敷地内に併設される前は、3歳以下の子どもは保育所、それより大きい子は幼稚園であずかる、と会津本郷町では役割分担されていた。「4、5歳の共働き家庭の子は、幼稚園で夕方5時まで預かり保育を行っていたんです」と幼稚園主任の鶴賀さん。「でも、幼稚園の施設もプログラムも、もともとは長時間保育向けではありません。お昼寝の時間も設定されていないから、午睡室やくつろぎスペースがないし、夏休みがあるから冷房もない。子どもの成長に無理がくるのでは、と心配していました」。

　共働き家庭の子どもも増加し、幼稚園だけでは4歳以上の子どもの受け皿として十分ではなくなってきた。そこで、保育所の老朽化を機に、会津本郷町の保育所と幼稚園のあり方が再検討され、解決策として考えられたのが「保育所と幼稚園の併設」だったのだ。現在は、「午後2時以降も保育を希望するかどうか」で保育所に所属するか幼稚園に所属するかが決まる。

勤務時間帯は違うけれど…

　菖蒲湯の行事は、「もともと本郷町立幼稚園のほうで、郷土教育の一環としてやってきたものなんです」と保育所所長の油谷栄子さん。それが、保育所と幼稚園が同一敷地内に併設されたのを機に、保育所利用児、デイサービス利用者を巻き込んだ行事となった。「大がかりな行事は幼稚園のほうがノウハウがありますから、幼稚園の先生方にリードしていただいてます」。幼稚園主任の鶴賀さんも、「これまで、幼稚園では郷土教育、子どものつぶやきを拾った口頭詩"あのね"、の2本柱を掲げてきました。これに、家庭的なケアや生活習慣の指導といった保育所の長所をあわせて、やっていきたいですね」と語る。

　行事なども合同で行うから、職員同士も、保育所、幼稚園の職員室を自由に行き来する機会が多い。「もともと同じ町の職員だし、保育所も幼稚園も1か所ずつだから、まとまりやすかったのかもしれません」。

　そこで気になるのが、待遇の問題。どちらの職員も普通番なら勤務時間帯は8：30～17：15と同じだが、保育所の開所時間は7：15～18：30、一方幼稚園は、8：30～14：30が開園時間となっている。早番、遅番のローテーションや夏休みな

ある日の佐藤さん

8：30	出勤
9：30	自由遊び・おむつ交換・手洗い
11：00	リズム遊び・絵本読み
11：30	おむつ交換・手洗い
12：00	昼食
15：00	午睡の寝かしつけ後、保育日誌の記録など
16：00	おむつ交換
17：15	手洗い後・おやつ 自由遊び 順次お迎え 退勤

どの長期休暇も含め、勤務形態にかなり差が出てくる。

しかし給与体系は、同じ町の職員、ということで同じ。「保育所と幼稚園の間での異動もあることだし、行った先の施設でがんばりましょう、という方針です」と油谷所長。しかし、幼稚園の職員でも、遅番や夏休み中などに、保育所の仕事を手伝ってもらうことを検討中である。そのため会津本郷町では、現在、保育士と幼稚園教諭の両方の資格・免許を持っていることが、採用の条件とされている。

仕事・育児と並行して、幼稚園教諭免許状を取得

会津本郷町の一連の動きを先取りする形で、佐藤さんは1992年に幼稚園教諭二種免許状を取得している。もともと保育士の資格のみの佐藤さんだったが、「幼稚園で、4、5歳児を教えてみたい！」という思いがあり、町の教育委員会の誘いもあって、幼稚園教諭免許にチャレンジすることになったのだ。この決心をふまえ、幼稚園への異動が決定。佐藤さんは、幼稚園の臨時教諭として働きつつ、明星大学の通信教育で免許状取得のための勉強をした。

佐藤さんは、仕事、家事、そして3人の子育てを並行しながら勉強。「仕事を終え、子どもが寝静まり、家事を終えた夜11時以降、勉強していました」と当時を振り返る。スクーリングのため、東京に3週間滞在した際は、子どもたちを義母にみてもらったりもした。仕事の面でも、幼稚園の職員たちにカバーしてもらいつつ、3年がかりで免許状を取得することができた。

「ただ、資格を2つ持って、保育所、幼稚園と勤務してきましたが、どちらにおいても、保育にたずさわる気持ちは同じ。子どもの思いを大切に、子どもの言葉に耳を傾け、子どもといっしょに遊びを楽しむように心がけてきました」と佐藤さんは言う。そもそも、保育と教育は分けることに無理があるのかもしれない。

「いま、幼保一元化を考えている自治体が増えています。そうすると、公立の保育所・幼稚園間の人材交流はもっと増えてくるでしょう。今後は、どちらでも働ける、保育士、幼稚園教諭両方の資格・免許を持っている人が、採用面で有利になるでしょうね」。（取材は2000年6月）

園庭では、みんないっしょに水遊び。

第4章 3.
フレキシブルに考えたい資格の生かし方

●自分に合った保育の場を選んで

　保育士の資格を生かして、さまざまな働き方をしている人たちがいます。

　たとえば、学校で保育士の資格だけでなく、幼稚園教諭免許状も取得し、日々の保育に「幼児教育」を取り入れている保育士がいます。あるいは逆に、幼稚園教諭として働き、保育の考え方を預かり保育などに生かすことも可能です。幼保一体化を実現している認定こども園（P.88参照）では、幼稚園教諭、保育士、どちらの資格も役に立ちます。

　「保護者の切実なニーズにこたえたい」と、認可外保育所で、24時間保育など先進的な取り組みをしている保育士もいます。また、あえて集団での保育ではなく、「1対1の保育をしたい」とベビーシッターになる方法もあるでしょう。この場合、派遣会社が提供する独自の資格があれば、これを取得し、その派遣会社ならではのシッティングを提供することも可能です。

　こうした小規模保育は、ともすれば「認可保育所より劣る」ととらえられがちですが、保育時間や保育内容に柔軟性があり、そこを評価する利用者も少なくありません。もちろん認可外の施設については、質にばらつきはあるので、就職先を探すにあたっては、十分な検討が必要です。

●医療・保健分野で活躍の可能性も

　まだ数は少ないのですが、病棟に勤務して長期入院中の子どものケアをしている保育士もいます。病棟保育士と呼ばれます。2002年から、常勤の保育士とプレイルームを設置した場合の診療報酬加算も制度化されました。多くの病棟に保育

介護福祉士
介護専門職としての国家資格。寝たきりや認知症老人、障害者など、専門的な介護を必要とする人とその家族に対して援助する。養成校卒業か国家試験合格のいずれかで資格が得られる。

社会福祉士
ソーシャルワークを行う専門職の国家資格。社会福祉に関する十分な知識・技術を持ち、福祉サービスを必要とする人の相談援助にあたる。資格は、福祉系大学を卒業するなどしたのち国家試験合格で得られる。

士が配置されるまでにはまだ時間がかかりそうですが、病児保育の広がりもあり、今後は保育士と看護師が連携して働く場面が多くなります。と同時に、小児保健に対するさらに深い理解が保育士にも求められることでしょう。

●資格の複合取得でケアの対象を広げる

　保育士とは、基本的には「子どもをケアする仕事」。しかし、ケアの対象を子どもにしぼらなければ、さらに仕事の幅は広がります。社会福祉法人によっては、保育所だけでなく、高齢者や障害者のための施設も運営するところがあります。こうしたところでは、「子どもが相手でなくても大丈夫」とケアの対象にこだわらない人は、歓迎されます。一般の保育所にしても、障害児を含めた統合保育を行うところが増えていますから、ケアの対象は柔軟に考えたいところです。

　障害者や高齢者を相手にしたケアの現場でも、保育士をめざす人の「明るさ」「やさしさ」は通用します。さらに、介護福祉士などの資格があれば、採用はより有利になることでしょう。保育士養成校のなかには、保育士の資格を取得後、さらに1年定められた科目を修了すれば、介護福祉士の資格を取得できるコースを設けているところもありますから、検討してみるといいでしょう。

　また、児童福祉施設においても、ソーシャルワークの技術が求められているのは、第2章や第4章のルポなどで述べたとおりです。社会福祉士の資格があれば、地域の子育て支援事業にも、より深くかかわることができるでしょう。ただし社会福祉士の資格も簡単に取れるものではありませんから、効率よく資格取得できるよう、学校選びが大切になってきます。

　ただ、注意したいのは、「資格さえあれば、ばら色」ではないということ。ケアの仕事は、あくまでも人間が相手。ですから、資格を取ることも大切ですが、自分のコミュニケーション力などを磨くことも忘れないようにしましょう。

認可外保育施設、ベビーシッターを利用するおもな理由

認可外（無認可）保育施設
- 時間的な融通がきく。
- 家と近い。
- 出産直後からあずかってくれる。
- 早朝、夜間なども利用できる。
- 入所手続きが簡単。

※(財)日本児童問題調査会「民間子育て支援サービス利用者調査」(1992年12月調査)の無認可保育施設利用者960人に対するアンケート調査結果より上位5つ（複数回答）。

ベビーシッター
- 時間・場所を指定して随時依頼できる。
- 早朝、夜間なども利用できる。
- 子どもが病気のときでも利用できる。
- 土・日曜、祝日も利用できる。
- 保育所、幼稚園への送迎をしてもらえる。

※(社)全国ベビーシッター協会「平成8年度実態調査報告書」より上位5つ。

どちらも「平成10年版厚生白書」による

ルポ❸

取材先◎ファミリー・サポート
職種◎ベビーシッター

1対1のつきあいで
子どもの成長に深くかかわり、
子育て家族を支える

スポットではないレギュラー仕事が中心

　ベビーシッター派遣会社であるファミリー・サポートは、「子どもをただあずかるのではなく、子育て中の家族を支える」ことをモットーに、この社名がつけられた。社長の中舘慈子さんは、専業主婦として3人の子どもを育てた経験をふまえ、「お母さんが生き生きとして、幸せでないと、子どもはいい状態で育つことができません」と、子育てに「支え」が必要であることを説く。

　この日取材で訪問したのは、ファミリー・サポートのベビーシッターを定期的に利用している小林さん宅。母親の朝子さんは、「私が家で仕事をしていることもあって、週3回お願いしていますが、その時間は私自身のリフレッシュにもなっています。娘はひとりっ子で、ともすれば親べったりになりがち。そこに第三者が入ることで、親子がほどよい関係でいられるような気がします。子どもも、第三者と触れ合うことで、譲り合いやあいさつといった社会性を学んでいるようです」とベビーシッターを利用するメリットを語る。

　ファミリー・サポートでは、家族に安心して子どもを任せてもらえるよう、個別のきめ細やかな保育をめざしているのが特色だ。そのため、「8割以上が固定客です。決まった曜日にシッターがうかがうレギュラーでのご利用が多いですね」と中舘さん。

　小林さん宅を担当するシッター・遠藤直子さんも、小林さん宅を含め毎週月曜

株式会社ファミリー・サポート●DATA

1994年設立。0歳から小学生を対象とした生活サポート、家庭教育、学習援助のほか、音楽や造形といった感性教育の専門家も派遣。障害児や高齢者のケアも行っている。シッター250人のうち、有資格者の割合は、保育士27％、幼稚園教諭29％、中・高教諭18％、その他26％。

から日曜まで、2時間〜6時間ずつ、レギュラーの仕事を担当している。

レギュラー利用にあたっては、コーディネーターが面接に行き、子どもとのかかわり方など保護者の要望をカウンセリングカードに記入。それをふまえて、派遣するシッターを選ぶ。小林さんも、「シッターさんは、厳しく選ばせていただきました。いまお願いしている遠藤さんは、人格、経験、やる気、とあらゆる面で申し分ありません。子どもに入り込みすぎず、言いなりにならず、しかるべき点はしかるところがいいですね」と、シッターの遠藤さんに信頼を寄せる。

●追いかけた人

遠藤直子さん／1973年生まれ。93年竹早教員養成所卒、幼稚園教諭二種免許状取得。保育士資格は、97年通信教育での自習により取得。私立幼稚園、保育所での勤務経験あり。

仕事場は利用者宅プラスα

そこへ、「ただいまー！」と、遠藤さんとレミちゃんが帰宅。この日は学校が創立記念日で休みだったため、遠藤さんは午前中からレミちゃんと渋谷へお出かけ。NHK放送センターで遊んできたのだという。

シッターの仕事は「保護者が不在の間、利用者宅で約束の時間、子どもの相手をする」というのが一般的な仕事のイメージだ。確かにそうなのだが、実際には、これにプラスαがあることが多く、必ずしも家だけがサービスの場とはかぎらない。たとえば学校が休みで保護者が仕事の場合、子どもを連れてレジャー施設で遊ばせることもある。また、子どもの通院やおけいこごとのつきそいをすることもある。

保育所や学校へのお迎えもある。遠藤さんの場合も、平日はすべて保育所や学校へのお迎えがあり、そのあと各家庭でのシッティングとなる。利用者宅では、子どもの宿題や遊びにつきあうほか、入浴や食事の相手をすることもある。育児不安の母親の話し相手になりながら、子育てをサポートすることもある。ベビーシッターには、単なる「子どもの遊び相手」にとどまらないサービスが要求されているのだ。

部屋でいっしょにお絵かき。

また、責任の重さという意味では、集団施設と違って指示してくれる人がおらず、すべてひとりで判断しなくてはならないむずかしさもある。特に事故や病気のときは、的確な判断と行動が要求される。
　こうしたベビーシッターという仕事の特性をふまえたうえで、「保育士の資格を持っていらっしゃる方は大歓迎です」とシッターの採用面接を担当する中舘さんは言う。「保育に関する専門知識を2～4年にわたってみっちり勉強し身につけていること。0歳の乳児や、障害児など、幅広い個性の子どもに対応できること。教育だけにとどまらず、生活面でのサポートがわかっていること。すでに実習で子どもと実際に触れ合っている、という点でも信頼できます」と言う。

子どもと1対1でじっくりつきあえるのが魅力

　遠藤さんとレミちゃんが朝子さんに外出先でのことの報告をしたあとは、レミちゃんの部屋で2人きりに。部屋で「もうすぐ父の日だから、今日はパパの絵を描こうか」と提案したあとは、レミちゃんの筆さばきを見ながら、「そういえば、パパは黒い服が似合うよね。かっこいい！　パパによく似てる！」「お洋服が黒いから、まわりはきれいな色で塗るといいんじゃない？」と会話を交わしつつ、ひとつの作品を完成に導いていく。このように、仕事の現場では、たいてい子どもと1対1。相手のペースにじっくりつきあうことができる。
　そんなシッターの仕事について、かつてした幼稚園教諭の仕事と比較しつつ遠藤さんは言う。「幼稚園では、大人数の子どもを相手に、"じっくり子どもとつきあいたい""もっと一人ひとりをよく見てあげたい"という思いが空回りしていました。いまの仕事は、集団の中では埋もれがちなシャイな子、不器用な子も、個別に集中して見てあげられる。そこが仕事の満足感にもつながっています」。
　その一方で、1対1ならではのむずかしさもある。「長期でレギュラーを担当していると、子どもをしからなくてはいけない場面が出てきます。保護者のしかるポイントもわかってきますから、よかれと思い注意してしまう。保護者はそうしてほしいと言ってくれるのですが、家族以外の人にきつく注意されるのは傷つくのではないかしら、と心配になります」。また、長いつきあいになると、子どもがシッターに影響されてくる。言葉づかいや身ぶり、そしてプラス思考・マイナス

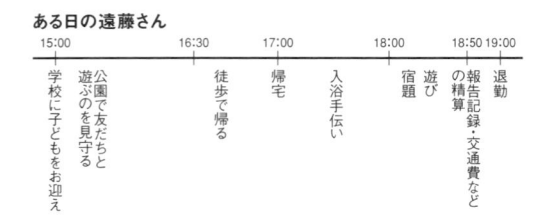

ある日の遠藤さん

15:00	16:30	17:00	18:00	18:50	19:00
学校に子どもをお迎え　公園で友だちと遊ぶのを見守る	徒歩で帰る	帰宅	入浴手伝い	遊び　宿題	報告記録・交通費などの精算	退勤

思考といった個性にかかわることまで、1対1のつきあいだけに、影響力が強い。家庭のしつけと連携した、きちんとした方針の必要性が出てくる。

社長の中舘さんも、家庭のしつけとの連携に関して、思いは複雑だ。「従来のシッティング・サービスというのは、家庭の方針に従って安全にあずかることが第一でした。でも、いまは子育てをめぐっていろいろな問題が火を噴いています。今後は、こちらも育児のプロとして、しつけに関する最低限の方針は提示していったほうがいいのかな、と考えているところです」。ただし、いきなりそれを押しつけることはできない。利用者と信頼関係を築いたうえでできることだ。

それを実践するには、シッターに子育て以外の技量も要求される。「保護者の要望をまずは受け入れ、"なぜそんな要望を出すのか"依頼者のサイドに立った視点から、子育ての不安を取り除く。そうしたステップをふむ、カウンセリング・マインドが必要になってきます」。ファミリー・サポートでは、カウンセリングなど、さまざまテーマでの研修を実施。遠藤さんも仕事の予約が入らないかぎり、できるだけ参加するようにしている。

フレキシブルに働けるが、悩みも

施設の正職員になるのと違って、ベビーシッターは好きな時間に働ける、というイメージがある。「ただ、どうしても夕方から夜にかけての仕事が多く、それを避けていては仕事になりません。子どもが小さいうちは、両立はむずかしいかもしれませんね」と遠藤さん。ただし、子育て後に、その経験をもとにまた活躍できる、というメリットはある。

また、毎日レギュラーの仕事があっても、1回に2～3時間の利用が多いため、なかなか正社員のような待遇にはならないようだ。「私は家族と暮らしていますが、ひとり暮らしをするには、ちょっと収入の面で不安定さを感じるかもしれませんね」と遠藤さんは言う。今後、ベビーシッターの子育て支援機能が認知され、サービス利用のすそ野が広がるかどうかが、大きな課題となってくるだろう。

（取材は2000年6月）

「また来てねー」となごりを惜しむ。

第4章
4.
納得のいく職場探しには情報収集が不可欠

●就職対策は資格取得と同時進行で

　保育士として働くには、それぞれの職場の採用試験に合格しなければなりません。むずかしい試験を突破し、保育士資格を取得しても、それがゴールではないのです。この採用試験にチャレンジするには、十分な準備が必要です。「資格を取ってからでいいや」とのんびりしていると、間に合わなくなることもあります。資格を取るのと同時に就職できるのが理想ですから、採用試験情報収集は、資格取得対策と並行してするくらいでなくてはなりません。

　特に2年制の学校の場合、「学校に合格した！」と喜んでいるうちに、あっという間に就職活動の時期がやってきます。学校に入学したらすぐに、積極的に実習やボランティアに参加して、自分はどんな仕事をしたいのか、考えておきたいところです。

　また、学校で就職オリエンテーションが開かれたら、積極的に参加しましょう。学校の就職課の利用方法や就職活動の心構え、その年の採用の傾向などがレクチャーされ、就職スケジュールをどのように立てたらいいのか、参考になります。なかには模擬試験や模擬面接、履歴書の書き方の指導までしている学校もありますから、こうしたバックアップ体制も上手に利用したいところです。

●公務員をめざすなら

　待遇のしっかりしている公立の保育所で働くことを希望する人は多く、その採用は特に「狭き門」。たとえば東京都のある区の場合、2012年度採用の競争率は、採用50名に対して受験者は222名でした。また、少子化や財政難ゆえ、自治体に

自治体
都・道・府・県や市・町・村、東京都の特別区などの行政単位。

よっては、採用すら行っていないところもあります。ですから公立をめざすなら、1つの自治体にしぼり込まず、複数の自治体の試験にトライしましょう。

公立の保育所の場合、その保育所がある市町村の人事委員会や職員課が一括して試験を実施します。そのため、採用試験に合格しても、希望する保育所で働けるとはかぎりません。地域内のどの保育所で働くことになるかわからないし、また、採用後も数年のサイクルで異動があります。

また、自治体にもよるのですが、保育所とそのほかの児童福祉施設の保育士を、同じ枠で採用するところが多いことにも注意。その場合は、合格しても、自分が保育所で働くのか、児童養護施設で働くのか、あるいは障害児のための施設で働くのか、自分では選べないことがほとんどです。

試験の時期や内容ですが、自治体によってまちまち。試験の実施要綱は8月ごろ発表されることが多いのですが、その時期も自治体によって違います。採用試験を受けたい自治体の市報や区報などにこまめに目を通しておくことも必要ですが、できれば早い時期に、一度各自治体役所に電話などで、採用試験のスケジュールについて問い合わせてみるといいでしょう。現在、下宿していて、いずれは親元に帰って就職する、というような場合も、家族に情報収集を頼むことも大切ですが、やはり自分で電話で問い合わせたほうが安心でしょう。また、自治体によっては「年齢制限がある」「保育士資格と幼稚園教諭免許状の両方を持っていること」などといったように、受験資格に制限がありますから、注意が必要です。

試験内容ですが、多くの自治体では一次試験と二次試験に分かれています。一次試験で筆記試験を行い、それをクリアした人が二次試験で実技や面接で試験を受ける、というパターンが一般的です。

●学校や公的機関で情報を集める

私立の福祉施設にしても、通常の企業のように、新聞や就職情報誌に求人を出すことはあまりありません。自分で一つひとつの施設に問い合わせるしかありません。とはいえ、特に私立の求人情報を集めるのは、なかなか大変なこと。

そこで上手に活用したいのが、学校の就職課です。就職課には、私立保育所やその他施設の求人票が置いてあったり、あるいは福祉関係の就職セミナーの告知

がはってあったりします。そういったところで、就職活動のめぼしをつけるといいでしょう。「こんな保育をやっているところで働きたい」「私立の児童福祉施設はどうだろうか」とある程度しぼり込めている場合、就職課の職員や先生に相談してみるのもひとつの手です。その先生ならではのネットワークで、「こういう施設がありますよ」と紹介してもらえるかもしれません。

また、ハローワーク（公共職業安定所）や福祉人材センターに、求人情報が出ることもあります。独学で資格を取るため、学校を利用できない人は、こうした公的機関も上手に利用したいところです。

●自分の目で現場を確かめる

どんな方法で情報を集めたとしても、最終的には自分自身の目で現場を確かめることが大切です。実習はもちろんのこと、ボランティアやアルバイトとして、保育に参加したいところ。それによって、その施設の保育理念や経営方針などがよくわかってきます。

特に私立はその運営主体により、特定の宗教や教育思想家の理念を保育に取り入れるなど、独自の方針を持っています。その方針と自分の考え方が合うのかどうか、しっかり確認するには、やはりアルバイトやボランティアでの参加が望ましいのです。

特に夏休みは、保育所側も人手が足らず、アルバイトを歓迎するところが多いので、絶好のチャンス。また、この機会に、遠隔地の就職を希望する人は、その場所へ足を運び、見学やボランティアをさせてもらうようにしましょう。

公立の場合でも、非常勤や臨時の職員は資格取得者でなくても登録できることがあります。

複数の現場に継続的に足を運んでおくと、就職先を選ぶうえで、参考になるものです。また施設側にとっても、あなたをじっくり評価することができます。ボランティアやアルバイトが「決め手」になるわけではありませんが、採用にあたってプラスポイントにはなります。自分自身の保育観が養われ、勉強にもなるし、保育への参加は、折にふれて行いたいものです。

Q 【福祉人材センターって？】

A 福祉関係の職業紹介・相談や福祉従事者向けの各種研修、資格取得のための準備講習など、福祉従事者の確保のためのさまざまな活動をしている。都道府県の社会福祉協議会に設置。

●第4章

あなたは、どんな働き方をしたい？

立ち止まってチェック！

あなたのイメージに合った働き方に○をしてください。

Step1
1．子どものケアをしたい→Step2へ
2．子どもにかぎらないケアがしたい→Step3へ

Step2
1．乳幼児のケアがしたい→Step3へ
2．幅広い年齢層の子どものケアがしたい→Step3へ

Step3
夜勤・宿直がある勤務でもOK？
●Step2-1に○した人→
　YES：タイプA　　NO：タイプB
●Step2-2に○した人→
　YES：タイプC　　NO：タイプD
●Step1-2に○した人→
　YES：タイプE　　NO：タイプF

あなたに合った最適な職場は……

タイプA	乳児院、ベビーシッター
タイプB	保育所、ベビーシッターのほか、幼稚園教諭免許状も取得すれば幼稚園、認定こども園で働く道も
タイプC	児童養護施設、児童自立支援施設、母子生活支援施設、知的障害児施設、肢体不自由児施設など
タイプD	児童館、児童遊園などの児童厚生施設
タイプE	障害者のための各種入所施設など
タイプF	障害者のための各種通所施設、授産施設など

※タイプE・Fの場合、介護福祉士や社会福祉士の資格を取得すれば、高齢者のための施設で働くことも可能。

```
        ┌─────────────┐
        │  プロローグ  │
        └──────┬──────┘
               ↓
 ┌第1章┐ ┌─────────────┐
 │     │ │ 資格のあらまし│
 └─────┘ └──────┬──────┘
               ↓
 ┌第2章┐ ┌─────────────┐
 │     │ │ 職場のいろいろ│
 └─────┘ └──────┬──────┘
               ↓
 ┌第3章┐ ┌─────────────┐
 │     │ │  働く現実    │
 └─────┘ └──────┬──────┘
               ↓
 ┌第4章┐ ┌─────────────┐
 │     │ │ 将来の可能性  │  ← あなたはいまここ!!
 └─────┘ └──────┬──────┘    ┌──────────────┐
               ↓             │保育士の仕事の今後│
 ┌第5章┐ ┌─────────────┐    │の広がりがわかった│
 │     │ │ 進路の選び方  │    └──────────────┘
 └─────┘ └─────────────┘
```

第5章
あなたに合った資格の取り方を見つけましょう

保育士の資格を取得するには、2つの方法があります。
ひとつは養成校に通い、卒業すること。
もうひとつは、保育士試験にチャレンジして合格することです。
この章では、それぞれの方法の特徴を
詳しく説明します。よく読んで、
自分にぴったりの取得法を選んでください。

第5章

1. 養成校と保育士試験、どちらがあなたに向いている?

●どちらで資格を取っても全国共通

前にも述べたとおり保育士となる資格を取得するには、①厚生労働大臣の指定する保育士を養成する学校その他の施設(以下まとめて「養成校」)を卒業する、②都道府県知事の実施する保育士試験に合格する、の2つの方法があります。

どちらの方法であっても、ひとたび資格を取得したら、日本全国どこででも通用します。ただし、資格さえあればすぐに保育士として働けるわけではありません。まず、都道府県の保育士登録簿に氏名などの登録が必要。その後、各施設の採用試験にパスして、はじめて保育士として現場に立つことができるのです。

●ひとつめは、保育士養成校で学んで資格取得

保育士資格を取得できる養成校には、大学、短期大学、専門(専修)学校と、その他の養成施設があります。その数は、2014年4月現在、大学が約230か所、短期大学が約220か所、専門(専修)学校、その他の養成施設が約110か所(うち1か所は高等学校専攻科)です。こうした養成校に通い、所定の単位を修得し卒業すれば、資格を得ることができます。

保育士の資格取得には、さまざまな科目の勉強が必要で、なかにはかなりむずかしい科目もあります。そのため、独学よりは学校に通ったほうが、着実に資格を取得できるともいえるでしょう。さらに、保育士だけでなく、プラスαの勉強で、幼稚園教諭や介護福祉士などの資格・免許が取れる学校もあります(P.109参照)。また、養成校のカリキュラムには保育実習が含まれているため、保育士の仕事をより深く理解することができます。このほか、学校から就職活動のサポート

保育士を養成する学校その他の施設
学校は、大学、短期大学、専門(専修)学校。施設は、公的機関などが設けている養成施設をさす。

専門学校
「学校教育法」では、専門課程を置く専修学校を専門学校と規定している。保育士養成課程のうち、大学、短期大学以外の多くは専門学校であり、本書では、その他の養成施設を含めてさすこともある。

などがしてもらえる、というメリットもあります。

　2003年以降は、毎年4万人以上が保育士となる資格を取得していますが、そのうち約8割が養成校卒業者となっています。現在、あなたが中学・高校生なら、まずはこのルートで資格を取る方法を検討してみるといいでしょう。なお、養成校のうち、どのタイプの学校に通えばいいのかについては第5章2.で説明します。

●**もうひとつは、保育士試験に合格して資格取得**

　保育士資格を取得するもうひとつの方法が、各都道府県で実施される保育士試験に合格することです。試験科目は筆記8科目と実技1科目があり、これをすべてクリアすることが条件です。受験資格も定められていますので、自分があてはまるか確認しておきましょう。

　「働いていて、学校に通う時間的余裕がない」「学校に通う金銭的余裕がない」「現在通っている学校では保育士資格が取得できないが、卒業までに取りたい」などの事情を持つ人は、保育士試験の受験を考えましょう。

　勉強は独学で行うため、勉強を続ける「強い意志」と、忙しい生活のなかで勉強のための時間を作り出す「自己管理」なくしては、目標を達成することができません。勉強を順調に進めるためには、学習計画をきちんと立てて取り組む姿勢が必要でしょう。保育士試験で資格を得る方法については、第5章5.6.でさらに詳しく説明します。

保育士資格を取得する2つのルート

●**養成校を卒業して保育士資格取得**

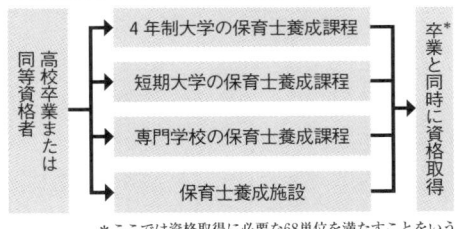

高校卒業または同等資格者 →
- 4年制大学の保育士養成課程
- 短期大学の保育士養成課程
- 専門学校の保育士養成課程
- 保育士養成施設

→ 卒業と同時に資格取得*

*ここでは資格取得に必要な68単位を満たすことをいう

●**保育士試験を受験して保育士資格取得**

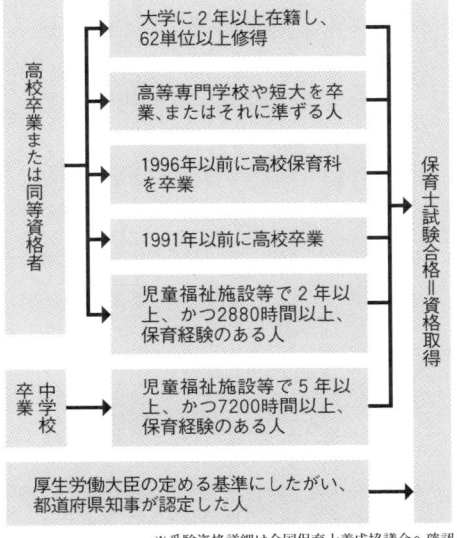

高校卒業または同等資格者 →
- 大学に2年以上在籍し、62単位以上修得
- 高等専門学校や短大を卒業、またはそれに準ずる人
- 1996年以前に高校保育科を卒業
- 1991年以前に高校卒業
- 児童福祉施設等で2年以上、かつ2880時間以上、保育経験のある人

中学校卒業 →
- 児童福祉施設等で5年以上、かつ7200時間以上、保育経験のある人

- 厚生労働大臣の定める基準にしたがい、都道府県知事が認定した人

→ 保育士試験合格＝資格取得

※受験資格詳細は全国保育士養成協議会へ確認

養成校と保育士試験、どちらがあなたに向いている？

第5章

ルート1　養成校で資格を取る
①どのタイプの学校を選ぶ？

●保育を総合的に学べる4年制大学

　4年制の大学で保育士資格を取るとすると、福祉学部、家政学部、教育学部などで学ぶことになります。たとえば福祉学部では、教養課程や社会福祉の関連科目などを含め、体系的に幅広く「福祉とは何か」を学べるのが魅力です。卒業者には「学士」の称号が与えられます。保育士養成課程を持つ大学は、2014年4月現在、約230か所です。

　大卒者が採用される場合は、「最終的には公的機関との調整役、ソーシャルワーク的職務、施設内のまとめ役になってほしい」と期待されることが多いようです。社会福祉を体系的に学んでおけば、保育士にかぎらず、幅広いジャンルで働けるともいえます。福祉系の事務職や指導職への就職も視野に含めたいと思うなら、4年間福祉についてじっくり学び、自分の将来について考えるといいでしょう。

　大学によっては、保育士の資格以外に、幼稚園教諭一種免許状を同時に取得できるカリキュラムや、授業以外でも、保育にかかわるさまざまな資格を取得できる講座を設けているところもあります。費用は、私立なら入学金15〜30万円、授業料、施設費などで年間約100〜140万円かかります。

●選択肢がいっぱい！　短期大学

　短大では、2年間で専門的な知識を学び、通常20歳で社会に出ることになるので、同年齢の大卒者よりも2年早く現場に立つことができます。卒業者には「短期大学士」の称号が与えられます。保育士養成課程を持つ短期大学は、2014年4月現在、約220か所です。

Q【通信教育で学ぶ注意点は？】

A 通信教育の利用資格に制限や、それまで通っていた学校の単位の認定に関して、学校によって差がある。また、規定のスクーリングや実習をクリアできるかしっかり検討することも大事。

第5章　あなたに合った資格の取り方を見つけましょう

短大卒の場合、大卒者と違って、福祉施設の現場へ就職する割合が増えます。保育士養成校のなかでも数が多く、各校特色のある保育士養成を行っていて、選択肢が豊富なのが魅力です。
　学校によっては、２年間で保育士資格と幼稚園教諭二種免許状を取得できるところ、その後さらに専攻科に進学し、介護福祉士や、学位を取ったうえで幼稚園教諭一種免許状を取得できるところがあります。費用は、私立なら入学金が20〜30万円、授業料、施設費などで年間約90〜100万円はかかります。

●即戦力を育てる専門学校、養成施設
　専門学校では、卒業者には「専門士」の称号が与えられます。専門学校、その他の養成施設では、２年間で直接保育士の仕事に結びつく教育を受けることができます。
　専門学校は2014年４月現在、約110か所あります。短大と同じく、２年の間に、保育士資格と幼稚園教諭二種免許状が同時に取得できるところ、あるいは、介護福祉の専攻科でさらに１年間学び、介護福祉士の資格を取得できるところもあります。費用は、入学金が10〜30万円、授業料、施設費、実習費などで年間約80〜100万円かかります。

●通信教育で養成校卒業、という道もある
　通学はむずかしいけど独学は不安、という人のために、一部の大学や短大などで通信教育課程が用意されています。保育士養成課程を持つ学校は2014年４月現在、約20か所です。独学と違って、春休みや夏休みの時期に通学する「スクーリング」や保育実習が行われるのも魅力です。
　入学試験は、書類選考で行われます。学費は、大学、短大とも入学金２〜３万円、科目履修登録費、スクーリング受講料、実習費など含めて、大学は４年間で合計約60〜100万円、短大は３年間で合計約60〜80万円かかります。大学や短大によっては、保育士資格のほか、幼稚園教諭そのほかの資格・免許を取得することができるところもあり、取得したい資格やその数によってかかる費用は違ってきます。詳細は学校から学校案内などを取り寄せ、確認するといいでしょう。

ルート１　養成校で資格を取る　①どのタイプの学校を選ぶ？

第5章 **3.**

ルート1　養成校で資格を取る
②養成校に入学するには

●学校選びは慎重に

　大学にするのか、または短大、専門学校にするかも迷いますが、さらに悩むのが「どの学校を選ぶか」ということでしょう。学校選びでは、学校の所在地や入試の難易度、学校のブランドイメージで選ぶ人が多いようですが、「保育士になりたい」という目的があるのなら、別のポイントも要チェックです。

　まず、チェックしたいのが、カリキュラム。特に4年制の大学では、保育士資格を得るためには、規定のカリキュラムのほかに、特別講座やコースを履修することで資格取得に必要な単位を満たせるということがあります。また、ほかの資格に興味があるなら、そうした資格も取得できるかどうか、資格取得のためにどんなカリキュラムが用意されているのか、確認が必要です。

　ですから、巻末の学校リストのみで安易に志望校を決めたりせず、必ず学校案内を取り寄せ、じっくり内容を検討してから自分の進路を決めたいものです。

●入試状況を調べよう

　大学、短大に関しては、各学校も志願者確保のためにさまざまな工夫をこらしています。私立の学校なら、さまざまなパターンの選抜方式を用意しています。特別（指定校）推薦入試、一般推薦入試、一般試験入試（前期、後期、大学入試センター試験利用のものなど）など合わせて5パターンくらいの選抜方法が用意されていることがめずらしくありません。AO入試を実施しているところもあり、その場合はボランティア経験が重視されることも多いようです。また、社会人を対象とした入学試験を実施するところも増えています。

大学入試センター試験
もとは1979年に導入された国公立大学入試のための「共通一次試験」。90年から私立大学も利用できるようになり、現在の名称となった。

AO入試
AOはAdmission Officeで、入試の実施を総合的に担当する機関のこと。ペーパーテストに頼らず、高校の成績や活動の記録、面接などを総合的に判断し、選抜が行われる。

保育士資格を取得できるコースは人気があるようで、学校のなかでも、そうした学部学科は倍率が高くなりがちです。また、同じ学校の同じ学科でも、枠の少ない後期試験、センター試験利用のものなどは倍率が急上昇。しかし、「これは」という学校があるのなら、何回かトライして、確実に入学したいものです。一般試験入試の場合、学科試験は、国語（または小論文）、英語、社会のうち2～3科目。音楽や体育の実技テストや面接を行うところもあります。

　専門学校でも、推薦入試、一般試験入試などの選抜試験が行われます。一般試験入試の場合、面接、国語（または小論文）と英語のうち1～2科目、適性テストなどが行われ、高校の調査書とあわせて判断されることが多いようです。

● 入試準備は早めに計画的に

　入試では、複数の養成校を受験するのが一般的です。その場合は、受験勉強を効率よくするためにも、受験科目の共通する養成校を選ぶとよいでしょう。できれば得意科目のみで受験したいところですが、「どうしても入学したい！」という養成校の受験科目に苦手科目がある場合は、早めの対策が大切です。予備校や家庭教師などを利用して、基礎学力をしっかり固めておくのもいいでしょう。また、書店で志望校の過去問題集が入手できれば、チャレンジしてみて、問題の傾向をつかんで効率よく勉強しましょう。

　注意したいのが、入試スケジュールの調整です。推薦入試の場合は、一般入試より数か月早く始まりますから、進路指導室でまめに情報を集めておきましょう。一般入試の場合も、試験日が重ならないか、移動日などに無理がないかチェックしつつ、入試スケジュールを組むことです。特に遠隔地で受験する場合は宿や交通手段の手配が必要ですから、早めにスケジュールを組むようにしましょう。

　また、忘れてはならないのが資金の準備です。受験料だけでも1校につき2～3万円かかるうえ、その後の学費の問題もあるので準備が必要です。受験料や学費を親が負担してくれる場合でも、早めに費用の相談はしておきましょう。

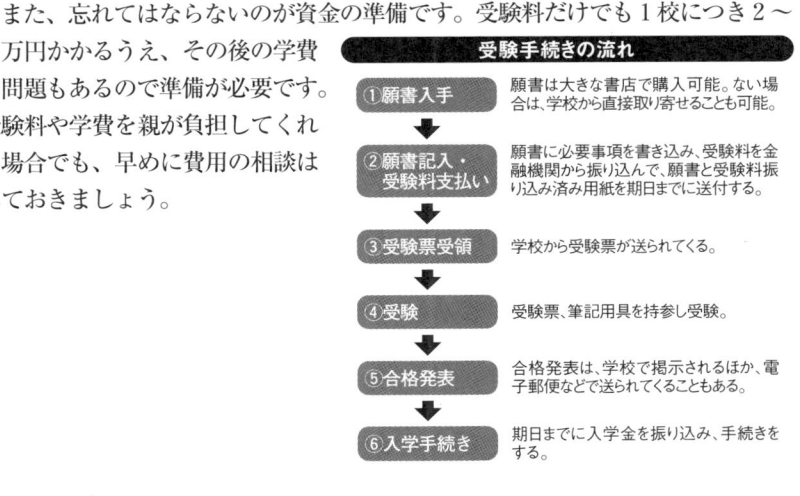

受験手続きの流れ

① 願書入手	願書は大きな書店で購入可能。ない場合は、学校から直接取り寄せることも可能。
② 願書記入・受験料支払い	願書に必要事項を書き込み、受験料を金融機関から振り込んで、願書と受験料振り込み済み用紙を期日までに送付する。
③ 受験票受領	学校から受験票が送られてくる。
④ 受験	受験票、筆記用具を持参し受験。
⑤ 合格発表	合格発表は、学校で掲示されるほか、電子郵便などで送られてくることもある。
⑥ 入学手続き	期日までに入学金を振り込み、手続きをする。

ルート1　養成校で資格を取る　②養成校に入学するには

〈インタビュー3〉

4年制大学で保育士をめざす人にきく

何でも学んで、じっくり、進路を考えました

話をきいた人●五十嵐 真世さん（1978年生まれ）

――保育士をめざしたきっかけは何ですか。

　高校生のころから、「自分は子どもも好きだし、工作なども好き。子どもを相手にする仕事が向いてるかも」と思い始めました。当時は、保育所と幼稚園の区別もついていなかったんですけどね（笑）。

――幼稚園教諭の免許も取得するそうですが、保育士と比べてどうでしょう。

　よく「幼稚園は教育、保育所は生活」と端的に説明されますね。それ以外で、実習を通じて感じたのが、時間の流れの違い。私立保育所、障害児施設、公立保育所、私立幼稚園の実習をしてきましたが、実習で伺った幼稚園だと、時間を細かく区切り、「何をするか」を決めて動いている印象がありました。また、制作なら制作で、先生が子どもに細かい点まで助言・指導していましたね。一方、保育所は子どもが遊びを自由に選んでいて、保育士はそれを基本的には見守り、子どもが要求したら遊びに入る、という感じ。こちらのほうが、時間がゆったり流れているように思えました。私としては、子どもにゆったりと、そして長い時間接していた実習先の保育所のようなところで働いてみたいですね。

――そのほかの実習はどうでしたか。

　実習先の公立保育所では、障害児もいっしょにケアする統合保育を実践していたんです。そこでは「子どもたち同士をどうかかわらせるか」という苦労がありましたが、私は、障害児もいっしょに保育することに魅力を感じました。

――ところで、保育士資格取得のために、大学を選んだのはなぜでしょう。

　まず、4年制大学のほうが、時間にゆとりがあって、進路についてじっくり考えられるのが魅力でした。また、保育士や幼稚園教諭以外にも、いろいろな資格取得や活動にチャレンジできるのもよかったですね。

　立正大学では「サービスプログラム」といって、夏休みなどに資格の取れる養成講座や講習会が用意されています。私もそれを利用して、少しでも保育に関係のありそうな資格は取るようにしました。これまで受けたのが、日赤救急法講習会（4日間）、キャンプインストラクター養成講座（2日講習、2泊3日実技）、レクリエーションインストラクター養成講習会（毎週土曜日、6か月間）です。あとはハンドベルのサークルに入って、保育所や施設で演奏会、演劇をやったりしました。

――かなり忙しい毎日だったのでは。

　保育士資格を取るためには、他学部の人よりたくさん専門科目を取らなくてはならないし、4年生になってから就職活動するには、3年めまでにできるだけ単位を取らなくてはならないし……。月曜から土曜まで、1限めから5限めまで（9:20〜17:45）、少ない日でも2、3こまはありました。日ごろはアルバイトなんて無理で、長期休暇のときにまとめてやっていました。

――後輩たちにアドバイスは。

　決められた実習以外にも、たくさん実習やボランティアをすること！　現場にかかわったぶん得られるものがありますよ。自分でも「もっと行きたかったな」と思っているんです。

　あと、実習先は自力で探すのですが、自分で情報を探したり、実習させてもらうよう頼むのは、勇気がいるし、大変でした。そんなとき、大学の先生にいろいろ相談にのってもらえて助かりました。大学の先生は、とっつきにくい印象があるかもしれませんが、自分からあいさつしてコミュニケーションをとると、とてもよくしていただけますよ。現在やっている就職活動でも、「こんな試みをしている園があるわよ」と教えてくださって、助かっています。皆さんも、心の開ける、相性のいい先生が見つかるといいですね。

（取材は2000年6月）

いからし　まよさん
1997年、立正大学社会福祉学部人間福祉学科入学。在学中にキャンプインストラクターなどの資格を取得。卒業と同時に保育士資格、幼稚園教諭一種免許状取得予定。

第5章 4.

ルート1　養成校で資格を取る
③養成校では何を学ぶ？

●基礎から徐々に知識や技能を身につけるカリキュラム

「直接子どもに接し、ケアする」という保育士の位置づけは、世の中の変化によって変わりつつあります。従来のケアワークだけでなく、ケースワークやカウンセリング、一人ひとりの発達過程を理解した保育内容、保護者への指導や助言、地域の子育て支援、他機関との調整などが求められるようになりました。これまで以上に、保育士の専門性の確保や資質の向上が求められています。養成校のうち大学が年々増えているのも、そうした傾向を反映しているのでしょう。

こうした背景をふまえ、保育士養成校の教育内容が見直され、2011年4月から実施のカリキュラムでは、実践力と応用力を持った保育士を養成するため、実習や実習指導の充実がはかられています。また、保育者論、保育の心理学Ⅰ・Ⅱ、保育課程論、保育相談支援といった科目が新設されました。

このカリキュラムは、2年間で学べることを前提に組まれています。1年めでは表（P.115）の「必修科目」を中心に、福祉や保育に関する基本理念や基礎的なことを学びます。2年めで「選択必修科目」を中心に、現場で保育の具体的な実践を学びます。これ以外に、各校の指定する教養科目（体育や外国語を含む一般教養科目）についても学ぶことになります。

●就職時にも役立つ教養科目

大学や短大では、資格取得に必要なカリキュラムのほかに、保育の仕事とは一見関係のない教養科目も学ばなくてはなりません。たとえば理科系の科目については、「こんなの仕事に関係ないのに……」と思う人もいるかもしれません。

Q【音楽（ピアノ）はどのくらい勉強するの？】

A ピアノは、両手で演奏しながら歌を歌うくらいのレベルが要求される。具体的には、最低「バイエルピアノ教則本」修了くらいをめざしたほうがいいだろう。自信のない人は早めにレッスンを。

養成校のカリキュラム（教養）

（体育の講義・実技各1単位を含む8単位以上を履修）

外国語 演習	（2単位以上）
体育　講義	（1単位）
体育　実技	（1単位）
その他の科目	（6単位以上）

第5章　あなたに合った資格の取り方を見つけましょう

114

しかし、こうした科目を学んだことで、「子どもの素朴な疑問にうまく答えられた」「就職活動の際の、ペーパーテストで役に立った」という声もあります。また、幅広い知識を身につけることは、保護者やほかの職種の人との連携にあたっても役に立ちます。資格には直接関係なくても、積極的に取り組みたいものです。

●専門科目で知識を深める

保育士資格取得のために必要な専門教育科目は、以下のように分類されます。

＊保育の本質・目的に関する科目
保育や福祉の理念について学びます。

＊保育の対象の理解に関する科目
子どもの心身の発達や保育士に必要な子どもの健康管理について学びます。

＊保育の内容・方法に関する科目
乳児、幼児、障害児など対象別の保育のあり方や保育の計画法などを学びます。

＊保育の表現技術
保育にあたって必要な、音楽（ピアノや声楽など）、造形（図画工作）、言語表現、身体表現の基本的な技能を身につけます。

＊保育実習
保育所のほか、乳児院、知的障害児施設、児童厚生施設などの児童福祉施設で、保育の実際を学びます。この実習を通して、各自の仕事に対する目標が具体化するようです。

＊総合演習
保育に関するテーマを取り上げ、分析や研究などを行います。

養成校のカリキュラム（専門）

必修科目　（全51単位を履修）

保育の本質・目的に関する科目

科目	形式	単位
保育原理	講義	2単位
教育原理	講義	2単位
児童家庭福祉	講義	2単位
社会福祉	講義	2単位
相談援助	演習	1単位
社会的養護	講義	2単位
保育者論	講義	2単位

保育の対象の理解に関する科目

科目	形式	単位
保育の心理学Ⅰ	講義	2単位
保育の心理学Ⅱ	演習	1単位
子どもの保健Ⅰ	講義	4単位
子どもの保健Ⅱ	演習	1単位
子どもの食と栄養	演習	2単位
家庭支援論	講義	2単位

保育の内容・方法に関する科目

科目	形式	単位
保育課程論	講義	2単位
保育内容総論	演習	1単位
保育内容演習	演習	5単位
乳児保育	演習	2単位
障害児保育	演習	2単位
社会的養護内容	演習	1単位
保育相談支援	演習	1単位

保育の表現技術

科目	形式	単位
保育の表現技術	演習	4単位

保育実習

科目	形式	単位
保育実習Ⅰ	実習	4単位
保育実習指導Ⅰ	演習	2単位

総合演習

科目	形式	単位
保育実践演習	演習	2単位

選択必修科目
（保育実習2単位、保育実習指導1単位を含む9単位以上を履修）

保育に関する科目
　（上記の系列より科目設定）（6単位以上）

科目	形式	単位
保育実習ⅡまたはⅢ	実習	2単位
保育実習指導ⅡまたはⅢ	演習	1単位

ルート1　養成校で資格を取る　③養成校では何を学ぶ？

第5章
5. ルート2　保育士試験で資格を取る
①どんな試験かよく知って準備を

●試験は筆記と実技で行われる

　保育士試験は、「児童福祉法」「児童福祉法施行令」と「児童福祉法施行規則」に基づき、各都道府県で毎年1回行われます。受験資格については、P.107のチャート図で紹介したとおりです。すでに幼稚園教諭免許状を持っている人は、養成校での履修状況次第で、対応する科目の受験が免除されます。

　試験科目は下記のとおりで、筆記と実技で行われます。

筆記：保育原理、教育原理および社会的養護、児童家庭福祉、社会福祉、保育の心理学、子どもの保健、子どもの食と栄養、保育実習理論

実技：保育実習実技（筆記試験全科目に合格したのちに受験。音楽表現に関する技術、造形表現に関する技術、言語表現に関する技術の3分野のうち、2分野を選んで受験）

　各科目の試験時間、配点と採点方法、出題の範囲などについては、厚生労働省で定めた基準があり、これにならって問題が作られています。また、実際の試験は各都道府県知事から指定を受けた指定試験機関が実施しており、全国で同一の試験問題になっています。筆記試験は5肢択一のマークシート方式です。

●6割以上の正答でその科目は合格

　合格ラインは、1科目あたり、6割以上の正答が条件とされています。また、「教育原理および社会的養護」などジャンルが2つにまたがっている科目については、それぞれのジャンルで6割以上正答しなくてはなりません。

Q　【保育士試験の合格率はどれくらい？】

A　2013年のデータによると、全国の受験者数5万1055人に対し、全科目合格者数は8905人で17.4%。一度で合格するのはかなりむずかしいといえる。

● 3年以内に全科目合格すればOK

受験にあたっては、「いきなり8科目合格できるかしら」という心配は無用です。というのも、一部科目に合格したら、「一部科目合格通知書」を提出することで、その科目は3年間有効だからです。つまり、最初の挑戦で5科目しか合格しなくても、その後2年以内に残りの3科目をクリアすれば、保育士資格が取得できるというわけです。

● 受験手続きの流れは…

試験についての情報は、指定試験機関である全国保育士養成協議会（P.138参照）のホームページで知ることができます。最新情報は必ず確認しましょう。あるいは、各都道府県の児童福祉主管部局に問い合わせることも可能です。おおまかなスケジュールは、受験申請が4〜5月、筆記試験が8月上旬、実技試験が10月中旬です。2014年は、8月9日、10日に筆記試験、10月19日に実技試験という日程でした。筆記試験の結果通知は9月の中旬から下旬にかけて行われ、実技後の試験結果通知は、11月の下旬から12月の上旬にかけて行われます。

受験するには、まず、受験の手引きを指定試験機関から入手します。この手引きに入っている各書類に必要事項を明記し、またその他必要書類（受験資格のあることを証明するもの、顔写真など）をそろえ、受験料をそえて受験申請します。

● 全科目に合格したら登録を受けて保育士に

保育士試験の合格者または一部科目の合格者に対しては、その旨直接本人に通知されます。全科目に合格して保育士となる資格を得たら、規定に従って登録の申請をします。各都道府県に保育士登録簿が備えつけられていますので、これに氏名、生年月日など必要な事項の登録を受け、保育士登録証（本人に手渡されるものの名称は「保育士証」）を受け取ります。これがあってようやく保育士として仕事ができることになるわけです。この保育士登録証は、将来にわたって大切にしてください。

保育士試験の各科目試験時間と配点

科目	時間(分)	満点
保育原理	60	100
教育原理	30	50
社会的養護	30	50
児童家庭福祉	60	100
社会福祉	60	100
保育の心理学	60	100
子どもの保健	60	100
子どもの食と栄養	60	100
保育実習理論	60	100
保育実習実技	(分野により異なる)	各50

6. ルート2 保育士試験で資格を取る ②受験準備のポイント

●出題範囲を知って、自分に合った学習計画を立てよう

　独学で学ぶということは、なかなかむずかしいものです。特に保育にかかわらず、福祉について初めて学ぶという人にとっては、保育士試験の科目名を見ただけでは、いったい何を学ぶのかわからない人も多いでしょう。各科目の出題範囲はP.119の表のとおりです。これをもとに自分に合った学習計画を立てましょう。

　テキストは、保育士試験用のものが何種類か市販されていますから、まずは読んでみて相性のいいものを選びましょう。全科目についてひととおりおさえてから、総まとめの問題集などで実力をつけましょう。

　実技試験についても少し紹介しておきましょう。2014年の試験のうち、音楽表現に関する技術は、課題曲「おつかいありさん」「おへそ」を、ピアノ、ギター、アコーディオンのいずれかで伴奏しながら歌うものです。楽譜の持ち込みは可能（市販の楽譜使用可）。造形表現に関する技術は、「保育の一場面を絵画で表現する」が課題で、表現に関する問題文と条件が試験当日に提示されます。試験時間は45分です。鉛筆またはシャープペンシル（HB～2B）、色鉛筆での表現で、クレヨン、パス、マーカーペンなどは使用できません。言語表現に関する技術は、自分の前にいる20人程度の3歳児クラスの幼児に集中して話を聞かせる時間という想定のもとに、あらかじめ提示されたお話などを3分以内にまとめて話すというものです。2014年の試験では、「うさぎとかめ」「おむすびころりん」「3びきのこぶた」「にんじん、ごぼう、だいこん」のうち、1つを選ぶ形式でした。お話の編集、展開は自由ですが、絵本や道具の使用は禁止されています。

●通信講座を活用しよう

　自分で計画的に勉強するのは自信がない、という人は、民間の通信講座を活用するのもよいでしょう。「過去問題を徹底分析してテキストを作成」「テキスト修了後、ドリルや添削課題で学習成果を確認できる」など、各講座によっていろいろな特徴があります。だいたい8〜10か月程度で全科目を修了できるようになっています。入会はいつでもでき、費用は5〜8万円程度かかります。これらの通信講座の情報は、新聞、雑誌の広告のほか、通信講座を紹介した本などで得ることができます。

●受験科目の組み合わせも考えよう

　2〜3年かけて全科目合格をめざす人にとって、どういう科目を組み合わせて試験を受けるか、が資格取得の決め手ともいえるでしょう。前述の保育士試験準備講座の受講者に取材したところ、「1年めでなるべく多く合格して、2年めで残りの科目にじっくり取り組む」「むずかしい筆記科目から順に3〜4科目ずつクリアして合格をめざす」などさまざまです。効率的な勉強をするためにも、どの科目を組み合わせて受験するかを決めてから、学習計画を立てることをおすすめします。

保育士試験各科目の出題範囲

科目	出題範囲
保育原理	保育の意義 保育所保育指針における保育の基本 保育の目標と方法 保育の思想と歴史的変遷 保育の現状と課題
教育原理および社会的養護	【教育原理】 教育の意義、目的及び児童福祉等との関連性 教育の思想と歴史的変遷 教育の制度 教育の実践 生涯学習社会における教育の現状と課題 【社会的養護】 現代社会における社会的養護の意義と歴史的変遷 社会的養護と児童家庭福祉 社会的養護の制度と実施体系 施設養護の実際 社会的養護の現状と課題
児童家庭福祉	現代社会における児童家庭福祉の意義と歴史的変遷 児童家庭福祉と保育 児童家庭福祉の制度と実施体系 児童家庭福祉の現状と課題 児童家庭福祉の動向と展望
社会福祉	現代社会における社会福祉の意義と歴史的変遷 社会福祉と児童家庭福祉 社会福祉の制度と実施体系 社会福祉における相談援助 社会福祉における利用者の保護にかかわる仕組み 社会福祉の動向と課題
保育の心理学	保育と心理学 子どもの発達理解 人との相互的かかわりと子どもの発達 生涯発達と初期経験の重要性 子どもの発達と保育実践 生活や遊びを通した学びの過程 保育における発達援助
子どもの保健	子どもの健康と保健の意義 子どもの発育・発達と保健 子どもの疾病と保育 子どもの精神保健 環境及び衛生管理並びに安全管理 健康及び安全の実施体制 保健活動の計画及び評価
子どもの食と栄養	子どもの健康と食生活の意義 栄養に関する基本的知識 子どもの発育・発達と食生活 食育の基本と内容 家庭や児童福祉施設における食事と栄養 特別な配慮を要する子どもの食と栄養
保育実習	【理論】 保育所保育 児童福祉施設（保育所以外） 【実技】 音楽表現に関する技術 造形表現に関する技術 言語表現に関する技術

●第5章

あなたに合った資格へのルートはどれ？

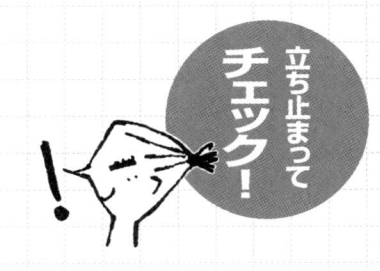

立ち止まってチェック！

Q1 1日も早く保育士として働きたい。
A 保育士養成課程のある短期大学や専門学校などの2年制の養成校がおすすめです。

Q2 時間をかけて福祉について学びたい。
A 体系的に福祉についてじっくりと学べる4年制大学がおすすめです。授業以外でもサークル活動など、学生生活をより豊かに過ごすことができるでしょう。

Q3 保育士以外の進路も考えたい。
A 養成校のなかには、保育士資格以外に幼稚園教諭免許状も同時に取得できるところもあります。また、保育士養成課程を修了後、もう1年専攻科で学べば、介護福祉士の資格を取得できる養成校もあります。このような学校を検討してみましょう。

Q4 通学のための費用や時間がない。
A 保育士試験を受験する方法をおすすめします。合格した科目は3年間有効なので、一度に全科目合格できなくても大丈夫です。ただし、強い意志と自己管理が求められるルートです。

Q5 独学では、自分の学力に不安がある。
A 各都道府県の社会福祉協議会などで、保育士試験受験希望者を対象とした試験準備講習会が開かれていることがあります。受講して試験の要点を確認するといいでしょう。やっぱり養成校卒業で資格を取りたいと思うなら、通信教育も検討してみましょう。

役立ち情報ページ

保育士を本格的にめざそうと気持ちを強くしたら、
この情報ページを参考にして保育士の資格取得に
挑戦してみましょう。資格が取れる学校のほか、
保育士試験、保育士登録についての問い合わせ先や、
就職の際に役立つ情報も載せてあります。

保育士資格の取れる学校リスト

◆

問い合わせ先一覧

◆

就職先を探すリスト

◆

保育士資格の取れる学校リスト

卒業と同時に保育士の資格が取れる全国の学校を掲載（募集停止校は除く）。幼稚園教諭免許を同時に取れる学校や、通信課程のある学校もあります。保育士課程修了を条件に介護福祉士の資格が取れる1年制の専攻科のある学校もあわせて紹介します。

課程欄の保は保育士、幼は幼稚園教諭の課程があることを示す（併修制含む）。

●大学

都道府県	名称	課程	所在地	TEL
北海道	札幌学院大学人文学部こども発達学科	保	〒069-8555 北海道江別市文京台11	(011)386-8111
	札幌国際大学人文学部心理学科子ども心理専攻	保・幼	〒004-8602 北海道札幌市清田区清田4条1-4-1	(011)881-8844
	道都大学 社会福祉学部社会福祉学科こども保育専攻 通信教育科指定保育士養成課程	保 保	〒061-1196 北海道北広島市中の沢149	(011)372-3111
	藤女子大学人間生活学部保育学科	保・幼	〒061-3204 北海道石狩市花川南4条5	(0133)74-3111
	北翔大学教育文化学部教育学科幼児教育コース	保・幼	〒069-8511 北海道江別市文京台23	(011)386-8011
	北海道文教大学人間科学部こども発達学科	保・幼	〒061-1449 北海道恵庭市黄金中央5-196-1	(0123)34-0160
青森	東北女子大学家政学部児童学科	保・幼	〒036-8530 青森県弘前市清原1-1-16	(0172)33-2289
岩手	岩手県立大学社会福祉学部 人間福祉学科保育士養成課程	保・幼	〒020-0693 岩手県滝沢市巣子152-52	(019)694-2016
	盛岡大学文学部 児童教育学科保育・幼児教育コース	保・幼	〒020-0694 岩手県滝沢市砂込808	(019)688-5555
宮城	石巻専修大学人間学部人間教育学科	保・幼	〒986-8580 宮城県石巻市南境新水戸1	(0225)22-7711
	尚絅学院大学総合人間科学部子ども学科	保・幼	〒981-1295 宮城県名取市ゆりが丘4-10-1	(022)381-3333
	仙台白百合女子大学人間学部 人間発達学科子ども発達専攻保育士養成課程	保・幼	〒981-3107 宮城県仙台市泉区本田町6-1	(022)372-3254
	東北福祉大学子ども科学部子ども教育学科 　　　　　総合福祉学部社会福祉学科保育課程	保・幼 保・幼	〒981-8522 宮城県仙台市青葉区国見1-8-1	(022)233-3111
	宮城学院女子大学学芸学部発達臨床学科	保・幼	〒981-8557 宮城県仙台市青葉区桜ヶ丘9-1-1	(022)279-1311
秋田	秋田大学教育文化学部 学校教育課程こども発達コース	保・幼	〒010-8502 秋田県秋田市手形学園町1-1	(018)889-2502
山形	東北文教大学人間科学部子ども教育学科	保・幼	〒990-2316 山形県山形市片谷地515	(023)688-2298
福島	福島大学人文社会学群 人間発達文化学類人間発達専攻	保・幼	〒960-1296 福島県福島市金谷川1	(024)548-8100
	福島学院大学福祉学部 福祉心理学科児童福祉・カウンセリングコース	保	〒960-0181 福島県福島市宮代乳児池1-1	(024)553-3221
茨城	茨城キリスト教大学文学部 児童教育学科幼児保育専攻	保・幼	〒319-1295 茨城県日立市大みか町6-11-1	(0294)52-3215
	流通経済大学社会学部社会学科保育士養成コース	保	〒301-8555 茨城県龍ヶ崎市120	(0297)64-0001
栃木	宇都宮大学教育学部学校教育教員養成課程	保・幼	〒321-8505 栃木県宇都宮市峰町350	(028)649-5249
	宇都宮共和大学子ども生活学部子ども生活学科	保・幼	〒321-0346 栃木県宇都宮市下荒針町長坂3829	(028)649-0511
	白鷗大学教育学部 発達科学科児童教育専攻幼児教育・保育コース	保・幼	〒323-8585 栃木県小山市大行寺1117	(0285)22-1111
群馬	群馬医療福祉大学社会福祉学部 社会福祉学科子ども専攻	保・幼	〒371-0823 群馬県前橋市川曲町191-1	(027)253-0294
	高崎健康福祉大学人間発達学部 子ども教育学科保育・教育コース	保・幼	〒370-0033 群馬県高崎市中大類町58-2	(027)352-5558

都道府県	学校名	資格	郵便番号・住所	電話番号
	東京福祉大学社会福祉学部 社会福祉学科保育児童福祉専修 保育児童学科 保育児童学科通信教育課程	保 保・幼 幼	〒372-0831　群馬県伊勢崎市山王町2020-1	(0270)20-3672
埼玉	埼玉大学教育学部学校教育教員養成課程 現代共生教育コース乳幼児教育専修	保・幼	〒338-8570　埼玉県さいたま市桜区下大久保255	(048)858-3946
	埼玉県立大学保健医療福祉学部 社会福祉子ども学科	保	〒343-8540　埼玉県越谷市三野宮820	(048)971-0500
	浦和大学こども学部こども学科	保・幼	〒336-0974　埼玉県さいたま市緑区大崎3551	(048)878-3741
	十文字学園女子大学人間生活学部幼児教育学科	保・幼	〒352-8510　埼玉県新座市菅沢2-1-28	(048)477-0555
	埼玉学園大学人間学部子ども発達学科	保・幼	〒333-0831　埼玉県川口市木曽呂1510	(048)294-1110
	淑徳大学教育学部こども教育学科	保・幼	〒354-8510　埼玉県入間郡三芳町藤久保1150-1	(049)274-1511
	聖学院大学人間福祉学部児童学科	保・幼	〒362-8585　埼玉県上尾市戸崎1-1	(048)781-0925
	東京家政大学子ども学部子ども支援学科	保・幼	〒350-1398　埼玉県狭山市稲荷山2-15-1	(04)2952-1622
	東洋大学ライフデザイン学部 生活支援学科子ども支援学専攻	保・幼	〒351-8510　埼玉県朝霞市岡48-1	(03)3945-7272
	文京学院大学人間学部児童発達学科 人間福祉学科保育士コース	保・幼 保	〒356-8533　埼玉県ふじみ野市亀久保1196	(049)261-6488
	文教大学教育学部 心理教育課程幼児心理教育コース	保・幼	〒343-8511　埼玉県越谷市南萩島3337	(048)974-8811
	立正大学社会福祉学部子ども教育福祉学科	保・幼	〒360-0194　埼玉県熊谷市万吉1700	(048)536-1328
千葉	植草学園大学発達教育学部 発達支援教育学科保育士コース	保・幼	〒264-0007　千葉県千葉市若葉区小倉町1639-3	(043)233-9031
	江戸川大学メディアコミュニケーション学部 こどもコミュニケーション学科	保・幼	〒270-0198　千葉県流山市駒木474	(04)7152-0661
	川村学園女子大学教育学部幼児教育学科	保・幼	〒270-1138　千葉県我孫子市下ヶ戸1133	(04)7183-0114
	淑徳大学総合福祉学部社会福祉学科保育士課程	保・幼	〒260-8701　千葉県千葉市中央区大巖寺町200	(043)265-7331
	城西国際大学福祉総合学部 福祉総合学科子ども福祉コース	保・幼	〒283-8555　千葉県東金市求名1	(0475)55-8838
	聖徳大学児童学部児童学科(昼間主コース) 児童学科(夜間主コース) 心理・福祉学部社会福祉学科 社会福祉コース 養護教諭コース 通信教育部児童学部児童学科	保・幼 保・幼 保 保 保・幼	〒271-8555　千葉県松戸市岩瀬550	(047)365-1111 (047)365-1200
	和洋女子大学人文学群こども発達学類 こども発達学専攻	保・幼	〒272-8533　千葉県市川市国府台2-3-1	(047)371-1124
東京	東京学芸大学教育学部 初等教育教員養成課程幼児教育選修	保・幼	〒184-8501　東京都小金井市貫井北町4-1-1	(042)329-7111
	桜美林大学健康福祉学群保育専修	保・幼	〒194-0294　東京都町田市常盤町3758	(042)797-2661
	大妻女子大学家政学部児童学科児童学専攻	保・幼	〒102-8357　東京都千代田区三番町12	(03)5275-6061
	共立女子大学家政学部児童学科	保・幼	〒101-8437　東京都千代田区一ツ橋2-2-1	(03)3237-2838
	こども教育宝仙大学こども教育学部幼児教育学科	保・幼	〒164-8631　東京都中野区中央2-33-26	(03)3365-0267
	実践女子大学生活科学部 生活文化学科幼児保育専攻	保・幼	〒191-8510　東京都日野市大坂上4-1-1	(042)585-8817
	昭和女子大学人間社会学部初等教育学科 福祉社会学科	保・幼 保	〒154-8533　東京都世田谷区太子堂1-7	(03)3411-5111
	白梅学園大学子ども学部子ども学科	保・幼	〒187-8570　東京都小平市小川町1-830	(042)346-5618
	白百合女子大学文学部児童文化学科 発達心理学専攻	保・幼	〒182-8525　東京都調布市緑ヶ丘1-25	(03)3326-5050
	大東文化大学文学部教育学科保育士課程	保・幼	〒175-8571　東京都板橋区高島平1-9-1	(03)5399-7800
	玉川大学教育学部乳幼児発達学科	保・幼	〒194-8610　東京都町田市玉川学園6-1-1	(042)739-8111
	帝京大学教育学部 初等教育学科こども教育コース	保・幼	〒192-0395　東京都八王子市大塚359	(042)678-3300
	帝京科学大学こども学部 児童教育学科幼稚園・保育士コース	保・幼	〒120-0045　東京都足立区千住桜木2-2-1	(03)6910-1010
	帝京平成大学現代ライフ学部 児童学科保育・幼稚園コース	保・幼	〒164-8530　東京都中野区中野4-21-2	(03)5860-4716
	東京家政学院大学現代生活学部児童学科	保・幼	〒194-0292　東京都町田市相原町2600	(042)782-9811
	東京家政大学家政学部児童学科育児支援専攻 児童学専攻	保・幼 保・幼	〒173-8602　東京都板橋区加賀1-18-1	(03)3961-2240

	大学・学部・学科	保・幼	〒	住所	電話
	東京純心女子大学現代文化学部 こども文化学科保育士・幼稚園教諭コース	保・幼	〒192-0011	東京都八王子市滝山町2-600	(042)692-0326
	東京成徳大学子ども学部子ども学科	保・幼	〒114-0033	東京都北区十条台1-7-13	(03)3908-4530
	東京都市大学人間科学部児童学科	保・幼	〒158-8586	東京都世田谷区等々力8-9-18	(03)5760-0104
	東京福祉大学社会福祉学部保育児童学科	保・幼	〒170-8426	東京都豊島区東池袋4-23-1	(03)3987-6602
	東京未来大学こども心理学部 こども心理学科こども保育・教育専攻	保・幼	〒120-0023	東京都足立区千住曙町34-12	(03)5813-2525
	日本社会事業大学社会福祉学部福祉援助学科	保	〒204-8555	東京都清瀬市竹丘3-1-30	(042)496-3000
	日本女子体育大学体育学部 スポーツ健康学科幼児発達学専攻	保・幼	〒157-8565	東京都世田谷区北烏山8-19-1	(03)3300-2258
	日本体育大学児童スポーツ教育学部 児童スポーツ教育学科幼児教育保育コース	保・幼	〒158-8508	東京都世田谷区深沢7-1-1	(03)3704-5201
	武蔵野大学教育学部児童教育学科	保・幼	〒202-8585	東京都西東京市新町1-1-20	(042)468-8591
	明星大学教育学部教育学科子ども臨床コース 通信教育部教育学部教育学科 子ども臨床コース	保・幼 保・幼	〒191-8506	東京都日野市程久保2-1-1	(042)591-5111 (042)591-5115
	目白大学人間学部子ども学科	保・幼	〒161-8539	東京都新宿区中落合4-31-1	(03)5996-3121
	和光大学現代人間学部心理教育学科保育専修	保・幼	〒195-8585	東京都町田市金井町2160	(044)988-1431
神奈川	鎌倉女子大学児童学部児童学科	保・幼	〒247-8512	神奈川県鎌倉市大船6-1-3	(0467)44-2111
	関東学院大学人間環境学部人間発達学科	保・幼	〒236-8501	神奈川県横浜市金沢区 六浦東1-50-1	(045)786-7760
	國學院大學人間開発学部子ども支援学科	保・幼	〒225-0003	神奈川県横浜市青葉区新石川3-221	(045)904-7703
	相模女子大学学芸学部子ども教育学科	保・幼	〒252-0383	神奈川県相模原市南区文京2-1-1	(042)742-1411
	松蔭大学コミュニケーション文化学部生活心理学科	保	〒243-0124	神奈川県厚木市森の里若宮9-1	(046)247-1511
	田園調布学園大学子ども未来学部 子ども未来学科	保・幼	〒215-8542	神奈川県川崎市麻生区 東百合丘3-4-1	(044)966-9211
	東洋英和女学院大学人間科学部 保育子ども学科 人間科学科保育子ども専攻	保・幼 保・幼	〒226-0015	神奈川県横浜市緑区三保町32	(045)922-5513
	横浜創英大学こども教育学部幼児教育学科	保・幼	〒226-0015	神奈川県横浜市緑区三保町1	(045)922-5561
山梨	山梨学院大学人間福祉学部 人間形成学科保育士履修課程	保・幼	〒400-0035	山梨県甲府市飯田5-11-1	(055)224-5261
	帝京科学大学こども学部こども学科	保・幼	〒409-0193	山梨県上野原市八ツ沢2525	(0554)63-4411
	身延山大学仏教学部福祉学科子どもコース	保	〒409-2597	山梨県南巨摩郡身延町身延3567	(0556)62-0107
新潟	上越教育大学学校教育学部 初等教育教員養成課程	保・幼	〒943-8512	新潟県上越市山屋敷町1	(025)522-2411
	新潟県立大学人間生活学部子ども学科	保・幼	〒950-8680	新潟県新潟市東区海老ヶ瀬471	(025)270-1300
	新潟青陵大学看護福祉心理学部 福祉心理学科子ども発達サポートコース	保	〒951-8121	新潟県新潟市中央区水道町1-5939	(025)266-8833
富山	富山大学人間発達科学部 発達教育学科発達福祉コース	保・幼	〒930-8555	富山県富山市五福3190	(076)445-6259
	富山国際大学子ども育成学部子ども育成学科	保・幼	〒930-0196	富山県富山市願海寺水口444	(076)436-2570
石川	金城大学社会福祉学部社会福祉学科こども専攻	保・幼	〒924-8511	石川県白山市笠間町1200	(076)276-4400
	北陸学院大学人間総合学部幼児児童教育学科	保・幼	〒920-1396	石川県金沢市三小牛町イ11	(076)280-3855
福井	仁愛大学人間生活学部子ども教育学科	保・幼	〒915-8586	福井県越前市大手町3-1-1	(0778)27-2010
岐阜	岐阜女子大学文化創造学部 文化創造学科初等教育学専攻子ども発達専修	保・幼	〒501-2592	岐阜県岐阜市太郎丸80	(058)229-2211
	岐阜聖徳学園大学教育学部 学校教育課程保育専修	保・幼	〒501-6194	岐阜県岐阜市柳津町高桑西1-1	(058)279-0804
	中部学院大学子ども学部子ども学科	保・幼	〒504-0837	岐阜県各務ヶ原市那加甥田町30-1	(0575)24-2211
	東海学院大学人間関係学部子ども発達学科	保・幼	〒504-8511	岐阜県各務原市那加桐野町5-68	(058)389-2200
静岡	静岡大学教育学部学校教育教員養成課程	保・幼	〒422-8529	静岡県静岡市駿河区大谷836	(054)237-1111
	静岡英和学院大学人間社会学部 コミュニティ福祉学科	保・幼	〒422-8545	静岡県静岡市駿河区池田1769	(054)261-9201
	静岡福祉大学社会福祉学部 福祉心理学科保育心理コース	保	〒425-8611	静岡県焼津市本中根549-1	(054)623-7000
	聖隷クリストファー大学社会福祉学部 こども教育福祉学科	保・幼	〒433-8558	静岡県浜松市北区三方原町3453	(053)436-5311

	学校名	資格	〒	住所	電話
	浜松学院大学現代コミュニケーション学部 子どもコミュニケーション学科	保・幼	〒432-8012	静岡県浜松市中区布橋3-2-3	(053)450-7000
	常葉大学保育学部保育学科	保・幼	〒417-0801	静岡県富士市大渕325	(0545)36-1133
	健康プロデュース学部こども健康学科	保・幼	〒431-2102	静岡県浜松市北区都田町1230	(053)428-3511
愛知	愛知教育大学教育学部 初等教育教員養成課程幼児教育選修	保・幼	〒448-8542	愛知県刈谷市井ヶ谷町広沢1	(0566)26-2110
	愛知県立大学教育福祉学部教育発達学科	保・幼	〒480-1198	愛知県長久手市茨ヶ廻間1522-3	(0561)64-1111
	名古屋市立大学人文社会学部心理教育学科	保・幼	〒467-8501	愛知県名古屋市瑞穂区 瑞穂町字山の畑1	(052)872-5808
	愛知学泉大学家政学部家政学科こどもの生活専攻	保・幼	〒444-8520	愛知県岡崎市舳越町上川成28	(0564)34-1212
	愛知淑徳大学福祉貢献学部 福祉貢献学科子ども福祉専攻	保・幼	〒480-1197	愛知県長久手市片平2-9	(0561)62-4111
	愛知東邦大学教育学部子ども発達学科	保・幼	〒465-8515	愛知県名古屋市名東区 平和が丘3-11	(052)782-1241
	桜花学園大学保育学部保育学科	保・幼	〒470-1193	愛知県豊明市栄町武侍48	(0562)97-5503
	岡崎女子大学こども教育学部こども教育学科	保・幼	〒444-0015	愛知県岡崎市中町1-8-4	(0564)22-1295
	金城学院大学人間科学部現代子ども教育学科	保・幼	〒463-8521	愛知県名古屋市守山区大森2-1723	(052)798-0180
	至学館大学健康科学部こども健康・教育学科	保・幼	〒474-8651	愛知県大府市横根町名高山55	(0562)46-1291
	椙山女学園大学教育学部 子ども発達学科保育・初等教育専修	保・幼	〒464-8662	愛知県名古屋市千種区 星が丘元町17-3	(052)781-1186
	中部大学現代教育学部幼児教育学科	保・幼	〒487-8501	愛知県春日井市松本町1200	(0568)51-1111
	東海学園大学人文学部発達教育学科 教育学部教育学科保育専攻	保・幼 保・幼	〒468-8514	愛知県名古屋市天白区中平2-901	(052)801-1202
	同朋大学社会福祉学部社会福祉学科子ども学専攻 　幼児教育コース 　子ども福祉コース 　子ども発達心理コース	保・幼 保 保	〒453-8540	愛知県名古屋市中村区稲葉地町7-1	(052)411-1113
	名古屋学芸大学ヒューマンケア学部 子どもケア学科幼児保育専攻	保・幼	〒470-0196	愛知県日進市岩崎町竹ノ山57	(0561)75-7111
	名古屋経済大学人間生活科学部教育保育学科	保・幼	〒484-8504	愛知県犬山市字内久保61-1	(0568)67-0511
	名古屋芸術大学人間発達学部子ども発達学科	保・幼	〒481-8503	愛知県北名古屋市熊之庄古井281	(0568)24-0315
	名古屋女子大学文学部 児童教育学科幼児保育学専攻	保・幼	〒468-8507	愛知県名古屋市天白区高宮町1302	(052)801-1133
	日本福祉大学 　こども発達学部こども発達学科保育専修 　社会福祉学部社会福祉学科保育士課程	保・幼 保	〒470-3295	愛知県知多郡美浜町奥田	(0569)87-2322
三重	皇學館大学 　教育学部教育学科幼児教育コース	保・幼	〒516-8555	三重県伊勢市神田久志本町1704	(0596)22-0201
	鈴鹿医療科学大学保健衛生学部 医療福祉学科保育士養成課程	保	〒510-0293	三重県鈴鹿市岸岡町1001-1	(059)383-8991
滋賀	滋賀大学教育学部学校教育教員養成課程	保・幼	〒520-0862	滋賀県大津市平津2-5-1	(077)537-7704
	びわこ学院大学教育福祉学部子ども学科	保・幼	〒527-8533	滋賀県東近江市布施町29	(0748)22-3388
京都	京都華頂大学現代家政学部 現代家政学科児童学コース	保・幼	〒605-0062	京都府京都市東山区林下町3-456	(075)551-1188
	京都造形芸術大学芸術学部こども芸術学科	保	〒606-8271	京都府京都市左京区 北白川瓜生山2-116	(075)791-9122
	京都女子大学発達教育学部児童学科	保・幼	〒605-8501	京都府京都市東山区 今熊野北日吉町35	(075)531-7030
	京都橘大学人間発達学部 児童教育学科幼児教育コース	保・幼	〒607-8175	京都府京都市山科区大宅山田町34	(075)571-1111
	京都ノートルダム女子大学生活福祉文化学部 生活福祉文化学科保育士養成課程	保	〒606-0847	京都府京都市左京区 下鴨南野々神町1	(075)781-1173
	京都文教大学臨床心理学部 教育福祉心理学科保育福祉心理専攻	保	〒611-0041	京都府宇治市槇島町80	(0774)25-2400
	同志社女子大学現代社会学部 現代こども学科保育士養成課程	保・幼	〒610-0395	京都府田辺市興戸	(0774)65-8442
	花園大学社会福祉学部児童福祉学科	保・幼	〒604-8456	京都府京都市中京区 西ノ京壷ノ内町8-1	(075)811-5181
	佛教大学教育学部教育学科 　　　教育学科通信教育課程 　社会福祉学部社会福祉学科 　　　社会福祉学科通信教育課程	保・幼 保・幼 保 保	〒603-8301	京都府京都市北区 紫野北花ノ坊町96	(075)491-2141

都道府県	学校・学部・学科	資格	〒	住所	電話
大阪	大阪府立大学人間社会学部社会福祉学科	保	〒599-8531	大阪府堺市中区学園町1-1	(072)252-1161
	大阪青山大学健康科学部健康こども学科	保・幼	〒562-8580	大阪府箕面市新稲2-11-1	(072)722-4165
	大阪大谷大学教育学部教育学科	保・幼	〒584-8540	大阪府富田林市錦織北3-11-1	(0721)24-0382
	大阪成蹊大学教育学部教育学科	保・幼	〒533-0007	大阪府大阪市東淀川区相川3-10-62	(06)6829-2600
	大阪総合保育大学児童保育学部児童保育学科	保・幼	〒546-0013	大阪府大阪市東住吉区湯里6-4-26	(06)6702-0334
	大阪人間科学大学人間科学部子ども福祉学科	保・幼	〒566-8501	大阪府摂津市正雀1-4-1	(06)6381-3000
	関西福祉科学大学社会福祉学部 社会福祉学科保育士課程 臨床心理学科保育士課程	保 保	〒582-0026	大阪府柏原市旭ヶ丘3-11-1	(072)977-9549
	四天王寺大学教育学部 教育学科小学校・幼児保育コース	保	〒583-8501	大阪府羽曳野市学園前3-2-1	(072)956-3181
	千里金蘭大学生活科学部児童学科保育士養成課程	保・幼	〒565-0873	大阪府吹田市藤白台5-25-1	(06)6872-0673
	相愛大学人間発達学部子ども発達学科	保・幼	〒559-0033	大阪府大阪市住之江区南港中4-4-1	(06)6612-5900
	太成学院大学人間学部子ども発達学科保育コース	保・幼	〒587-8555	大阪府堺市美原区平尾1060-1	(072)362-3731
	常磐会学園大学国際こども教育学部こども教育学科	保・幼	〒547-0021	大阪府大阪市平野区喜連東1-4-12	(06)4302-8880
	梅花女子大学心理こども学部 こども学科幼児教育・保育コース	保・幼	〒567-8578	大阪府茨木市宿久庄2-19-5	(072)643-6221
	東大阪大学こども学部こども学科	保・幼	〒577-8567	大阪府東大阪市西堤学園町3-1-1	(06)6782-2824
	プール学院大学教育学部 教育学科こども保育コース	保・幼	〒590-0114	大阪府堺市南区槙塚台4-5-1	(072)292-7201
	平安女学院大学子ども学部子ども学科	保・幼	〒569-1092	大阪府高槻市南平台5-81-1	(072)693-2311
兵庫	兵庫教育大学学校教育学部初等教育教員養成課程	保・幼	〒673-1494	兵庫県加東市下久米942-1	(0795)44-2041
	関西学院大学教育学部 教育学科幼児教育コース	保・幼	〒662-0827	兵庫県西宮市岡田山7-54	(0798)54-6500
	関西国際大学教育学部 教育福祉学科こども学専攻保育・保育コース	保・幼	〒673-0521	兵庫県三木市志染町青山1-18	(0794)85-2288
	関西福祉大学発達教育学部児童教育学科	保・幼	〒678-0255	兵庫県赤穂市新田380-3	(0791)46-2525
	近大姫路大学教育学部 こども未来学科保育・幼児教育コース こども未来学科通信教育課程	保・幼 保・幼	〒671-0101	兵庫県姫路市大塩町2042-2	(079)247-7301
	甲南女子大学人間科学部総合子ども学科	保・幼	〒658-0001	兵庫県神戸市東灘区森北町6-2-23	(078)431-0391
	神戸医療福祉大学社会福祉学部 社会福祉学科こども福祉コース	保	〒679-2217	兵庫県神崎郡福崎町高岡1966-5	(0790)22-6947
	神戸海星女子学院大学現代人間学部 心理こども学科	保・幼	〒657-0805	兵庫県神戸市灘区青谷町2-7-1	(078)801-2277
	神戸松蔭女子学院大学人間科学部子ども発達学科	保・幼	〒657-0015	兵庫県神戸市灘区 篠原伯母野山町1-2-1	(078)882-6122
	神戸女子大学文学部教育学科	保・幼	〒654-8585	兵庫県神戸市須磨区東須磨青山2-1	(078)731-4416
	神戸親和女子大学発達教育学部 児童教育学科保育学コース 児童教育学科保育学コース(通信教育部) 福祉臨床学科子ども福祉コース	保・幼 保・幼 保	〒651-1111	兵庫県神戸市北区 鈴蘭台北町7-13-1	(078)591-1651
	神戸常盤大学教育学部こども教育学科	保・幼	〒653-0838	兵庫県神戸市長田区大谷町2-6-2	(078)611-1821
	園田学園女子大学人間教育学部児童教育学科	保・幼	〒661-8520	兵庫県尼崎市南塚口町7-29-1	(06)6429-1201
	姫路獨協大学医療保健学部こども保健学科	保・幼	〒670-8524	兵庫県姫路市上大野7-2-1	(079)223-2211
	兵庫大学生涯福祉学部こども福祉学科	保・幼	〒675-0195	兵庫県加古川市平岡町新在家2301	(079)427-5111
	武庫川女子大学文学部教育学科	保・幼	〒663-8558	兵庫県西宮市池開町6-46	(0798)45-3539
奈良	奈良教育大学教育学部学校教育教員養成課程 教育・発達基礎コース幼年教育専修	保・幼	〒630-8528	奈良県奈良市高畑町	(0742)27-9105
	大阪樟蔭女子大学児童学部児童学科	保・幼	〒639-0298	奈良県香芝市関屋958	(0745)71-3153
	畿央大学教育学部現代教育学科幼児教育コース	保・幼	〒635-0832	奈良県北葛城郡広陵町馬見中4-2-2	(0745)54-1601
	帝塚山大学現代生活学部こども学科	保・幼	〒631-8585	奈良県奈良市学園南3-1-3	(0742)41-4716
鳥取	鳥取大学地域学部 地域教育学科保育士資格取得コース	保・幼	〒680-8550	鳥取県鳥取市湖山町4-101	(0857)31-5071
岡山	岡山大学教育学部 学校教育教員養成課程幼児教育コース	保・幼	〒700-8530	岡山県岡山市北区津島中3-1-1	(086)252-1111
	岡山県立大学保健福祉学部 保健福祉学科子育て支援コース	保	〒719-1197	岡山県総社市窪木111	(0866)94-2111

	学校名	資格	郵便番号	住所	電話番号
	環太平洋大学次世代教育学部こども発達学科	保・幼	〒709-0863	岡山県岡山市東区瀬戸町観音寺721	(086)958-0200
	吉備国際大学 　心理学部子ども発達教育学科 　通信教育部心理学部子ども発達教育学科	保・幼 保・幼	〒716-8508	岡山県高梁市伊賀町8	0120-25-9944
	くらしき作陽大学子ども教育学部子ども教育学科	保・幼	〒710-0292	岡山県倉敷市玉島長尾3515	(086)523-0888
	就実大学教育学部初等教育学科	保・幼	〒703-8516	岡山県岡山市中区西川原1-6-1	(086)271-8111
	中国学園大学子ども学部子ども学科	保・幼	〒701-0197	岡山県岡山市北区庭瀬83	(086)293-1100
	ノートルダム清心女子大学人間生活学部 児童学科児童学専攻	保・幼	〒700-8516	岡山県岡山市北区伊福町2-16-9	(086)252-1155
	美作大学生活科学部 児童学科保育士・幼稚園教員育成コース	保・幼	〒708-8511	岡山県津山市北園町50	(0868)22-7718
広島	福山市立大学教育学部児童教育学科保育コース	保・幼	〒721-0964	広島県福山市港町2-19-1	(084)999-1111
	比治山大学現代文化学部子ども発達教育学科	保・幼	〒732-8509	広島県広島市東区牛田新町4-1-1	(082)229-0121
	広島国際大学医療福祉学部 医療福祉学科保育学専攻	保	〒739-2695	広島県東広島市黒瀬学園台555-36	(0823)70-4922
	広島都市学園大学子ども教育学部子ども教育学科	保・幼	〒734-0014	広島県広島市南区宇品西5-13-18	(082)250-1133
	広島文化学園大学学芸学部子ども学科	保・幼	〒731-0136	広島県広島市安佐南区長束西3-5-11	(082)239-5171
	広島文教女子大学人間科学部 　初等教育学科幼児教育コース 　人間福祉学科社会福祉コース	保・幼 保	〒731-0295	広島県広島市安佐北区可部東1-2-1	(082)814-3191
	広島女学院大学人間生活学部幼児教育心理学科	保・幼	〒732-0063	広島県広島市東区牛田東4-13-1	(082)228-0386
	福山平成大学福祉健康学部こども学科 　　　　　　　　　　　　福祉学科社会福祉コース	保・幼 保	〒720-0001	広島県福山市御幸町 上岩成正戸117-1	(084)972-5001
	安田女子大学教育学部児童教育学科	保・幼	〒731-0153	広島県広島市安佐南区安東6-13-1	(082)878-8111
山口	東亜大学人間科学部 心理臨床子ども学科子ども発達コース	保・幼	〒751-8503	山口県下関市一の宮学園町2-1	(083)256-1111
	梅光学院大学子ども学部子ども未来学科	保・幼	〒750-8511	山口県下関市向洋町1-1-1	(083)227-1000
	山口学芸大学教育学部子ども教育学科	保・幼	〒754-0001	山口県山口市小郡上郷1275	(083)972-3288
	山口福祉文化大学ライフデザイン学部 ライフデザイン学科子ども生活学領域	保・幼	〒758-8585	山口県萩市椿東浦田5000	(0838)24-4000
徳島	鳴門教育大学学校教育学部 学校教育教員養成課程幼児教育専修	保・幼	〒772-8502	徳島県鳴門市鳴門町高島字中島748	(088)687-6095
	四国大学生活科学部児童学科保育学コース	保・幼	〒771-1192	徳島県徳島市応神町 吉川字戒子野123-1	(088)665-9905
	徳島文理大学人間生活学部児童学科	保・幼	〒770-8514	徳島県徳島市山城町西浜傍示180	(088)602-8000
香川	香川大学教育学部 学校教育教員養成課程幼児教育コース	保・幼	〒760-8521	香川県高松市幸町1-1	(087)832-1411
	四国学院大学社会福祉学部 社会福祉学科保育士養成コース	保・幼	〒765-8505	香川県善通寺市文京町3-2-1	(0877)62-2111
	高松大学発達科学部子ども発達学科	保・幼	〒761-0194	香川県高松市春日町960	(087)841-3237
愛媛	愛媛大学教育学部 学校教育教員養成課程保育士養成コース	保・幼	〒790-8577	愛媛県松山市文京町3	(089)927-9000
	松山東雲女子大学人文科学部 心理子ども学科子ども専攻	保・幼	〒790-8531	愛媛県松山市桑原3-2-1	(089)931-6211
福岡	福岡県立大学人間社会学部人間形成学科	保・幼	〒825-8585	福岡県田川市伊田4395	(0947)42-2118
	九州女子大学人間科学部 人間発達学科子ども発達学専攻	保・幼	〒807-8586	福岡県北九州市八幡西区 自由ヶ丘1-1	(093)693-3116
	久留米大学文学部 社会福祉学科子ども家庭福祉コース	保	〒839-0862	福岡県久留米市御井町1635	(0942)43-4411
	西南学院大学人間科学部児童教育学科 　　　　　　　　　　　　　社会福祉学科	保・幼 保	〒814-8511	福岡県福岡市早良区西新6-2-92	(092)823-3201
	西南女学院大学保健福祉学部 福祉学科子ども家庭福祉コース	保	〒803-0835	福岡県北九州市小倉北区井堀1-3-5	(093)583-5700
	筑紫女学園大学人間科学部 人間科学科人間形成専攻幼児保育コース	保・幼	〒818-0192	福岡県太宰府市石坂2-12-1	(092)925-3511
	中村学園大学教育学部児童幼児教育学科	保・幼	〒814-0198	福岡県福岡市城南区別府5-7-1	(092)851-2531
	福岡医療福祉大学人間社会福祉学部 総合福祉学科こども福祉コース	保	〒818-0194	福岡県太宰府市五条3-10-10	(092)918-6511
	福岡女学院大学人間関係学部子ども発達学科	保・幼	〒811-1313	福岡県福岡市南区日佐3-42-1	(092)581-1492

都道府県	名称	課程	所在地	TEL
佐賀	西九州大学子ども学部子ども学科	保・幼	〒840-0806 佐賀県佐賀市神園3-18-15	(0952)31-3001
長崎	長崎大学教育学部 学校教育教員養成課程幼稚園教育コース	保・幼	〒852-8131 長崎県長崎市文教町1-14	(095)819-2266
	活水女子大学健康生活学部子ども学科	保・幼	〒850-8515 長崎県長崎市東山手町1-50	(095)822-4107
	長崎純心大学人文学部 現代福祉学科保育士養成課程 児童保育学科	保 保・幼	〒852-8558 長崎県長崎市三ツ山町235	(095)846-0084
熊本	九州ルーテル学院大学人文学部 人文学科こども専攻保育コース	保・幼	〒860-8520 熊本県熊本市中央区黒髪3-12-16	(096)343-1600
	熊本学園大学社会福祉学部子ども家庭福祉学科	保・幼	〒862-0971 熊本県熊本市中央区大江2-5-1	(096)364-5161
	平成音楽大学音楽学部こども学科	保・幼	〒861-3295 熊本県上益城郡御船町滝川1658	(096)282-0506
宮崎	九州保健福祉大学社会福祉学部 子ども保育福祉学科	保・幼	〒882-8508 宮崎県延岡市吉野町1714-1	(0982)23-5555
	南九州大学人間発達学部子ども教育学科	保・幼	〒885-0035 宮崎県都城市立野町3764-1	(0985)83-2111
	宮崎国際大学教育学部児童教育学科	保・幼	〒889-1605 宮崎県宮崎市清武町可能丙1402	(0985)85-5931
鹿児島	鹿児島国際大学福祉社会学部児童学科	保・幼	〒891-0197 鹿児島県鹿児島市坂之上8-34-1	(099)261-3211
	鹿児島純心女子大学国際人間学部こども学科	保・幼	〒895-0011 鹿児島県薩摩川内市天辰町2365	(0996)23-5311

●短期大学

都道府県	名称	課程	所在地	TEL
北海道	名寄市立大学短期大学部児童学科	保・幼	〒096-8641 北海道名寄市西4条北8-1	(01654)2-4194
	旭川大学短期大学部幼児教育学科	保・幼	〒079-8501 北海道旭川市永山3条23-1-9	(0166)48-3121
	帯広大谷短期大学社会福祉科子ども福祉専攻	保	〒080-0335 北海道河東郡音更町希望が丘3-3	(0155)42-4444
	釧路短期大学幼児教育学科	保・幼	〒085-0814 北海道釧路市緑ヶ岡1-10-42	(0154)41-0131
	光塩学園女子短期大学保育科	保・幼	〒005-0012 北海道札幌市南区真駒内上町3-1-1	(011)581-0121
	國學院大學北海道短期大学部幼児・児童教育学科	保・幼	〒073-0014 北海道滝川市文京町3-1-1	(0125)23-4111
	札幌大谷大学短期大学部保育科	保・幼	〒065-8567 北海道札幌市東区北16条東9-1-1	(011)742-1651
	札幌国際大学短期大学部幼児教育保育学科	保・幼	〒004-8602 北海道札幌市清田区清田4条1-4-1	(011)881-8844
	拓殖大学北海道短期大学保育科	保・幼	〒074-8585 北海道深川市メム4558-1	(0164)23-4111
	函館大谷短期大学こども学科	保・幼	〒041-0852 北海道函館市鍛冶1-2-3	(0138)51-1786
	函館短期大学保育学科	保・幼	〒042-0955 北海道函館市高丘町52-1	(0138)57-1800
	北翔大学短期大学部こども学科	保・幼	〒069-8511 北海道江別市文京台23	(011)386-8011
青森	青森明の星短期大学子ども福祉未来学科保育専攻	保・幼	〒030-0961 青森県青森市浪打2-6-32	(017)741-0123
	青森中央短期大学幼児保育学科	保・幼	〒030-0132 青森県青森市横内字神田12	(017)728-0121
	東北女子短期大学保育科	保・幼	〒036-8503 青森県弘前市上瓦ヶ町25	(0172)32-6151
	八戸学院短期大学幼児保育学科	保・幼	〒031-0844 青森県八戸市美保野13-384	(0178)25-4411
岩手	修紅短期大学幼児教育学科	保・幼	〒021-0902 岩手県一関市萩荘字竹際49-1	(0191)24-2211
	盛岡大学短期大学部幼児教育科	保・幼	〒020-0694 岩手県滝沢市砂込808	(019)688-5570
宮城	聖和学園短期大学保育福祉学科保育専攻	保・幼	〒981-3213 宮城県仙台市泉区南中山5-5-2	(022)376-3151
	仙台青葉学院短期大学こども学科	保・幼	〒984-0022 宮城県仙台市若林区五橋3-5-75	(022)217-8885
	東北生活文化大学短期大学部 生活文化学科子ども生活専攻	保・幼	〒981-8585 宮城県仙台市泉区虹の丘1-18-2	(022)272-7511
	宮城誠真短期大学保育科	保・幼	〒989-6105 宮城県大崎市古川福沼1-27-2	(0229)23-3220
秋田	聖霊女子短期大学生活文化科生活こども専攻	保・幼	〒011-0937 秋田県秋田市寺内高野10-33	(018)845-4111
	聖園学園短期大学保育科	保・幼	〒010-0911 秋田県秋田市保戸野すわ町1-58	(018)823-1920
山形	羽陽学園短期大学幼児教育科	保・幼	〒994-0065 山形県天童市大字清池1559	(023)655-2385
	東北文教大学短期大学部子ども学科	保・幼	〒990-2316 山形県山形市片谷地515	(023)688-2298
福島	会津大学短期大学部社会福祉学科	保	〒965-8570 福島県会津若松市一箕町大字八幡字門田1-1	(0242)37-2301
	いわき短期大学幼児教育科	保・幼	〒970-8023 福島県いわき市平鎌田字寿金沢37	(0246)25-9185

	学校名		郵便番号・住所	電話番号
	郡山女子大学短期大学部幼児教育学科	保・幼	〒963-8503 福島県郡山市開成3-25-2	(024)932-4848
	桜の聖母短期大学生活科学科 福祉こども専攻こども保育コース	保・幼	〒960-8585 福島県福島市花園町3-6	(024)534-7137
	福島学院大学短期大学部保育科第1部 　　　　　　　　　　　　　保育科第2部	保・幼 保・幼	〒960-0181 福島県福島市宮代乳児池1-1	(024)553-3221
茨城	茨城女子短期大学保育科	保・幼	〒311-0114 茨城県那珂市東木倉960-2	(029)298-0596
	つくば国際短期大学保育科	保・幼	〒300-0051 茨城県土浦市真鍋6-7-10	(029)821-6125
	常磐短期大学幼児教育保育学科	保・幼	〒310-8585 茨城県水戸市見和1-430-1	(029)232-2511
栃木	足利短期大学こども学科	保・幼	〒326-0808 栃木県足利市本城3-2120	(0284)21-8242
	國學院大學栃木短期大学 人間教育学科子ども教育フィールド	保・幼	〒328-8588 栃木県栃木市平井町608	(0282)22-5511
	作新学院大学女子短期大学部幼児教育科	保・幼	〒321-3295 栃木県宇都宮市竹下町908	(028)667-7111
	佐野短期大学総合キャリア教育学科保育士養成課程	保・幼	〒327-0821 栃木県佐野市高萩町1297	(0283)21-1200
群馬	育英短期大学保育学科	保・幼	〒370-0011 群馬県高崎市京目町1656-1	(027)352-1981
	関東短期大学こども学科幼稚園・保育コース	保・幼	〒374-8555 群馬県館林市大谷町625	(0276)74-1212
	東京福祉大学短期大学部こども学科 　　　　　　　　　こども学科通信教育課程	保・幼 保・幼	〒372-0831 群馬県伊勢崎市山王町2020-1	(0270)20-3674
	新島学園短期大学コミュニティ子ども学科	保・幼	〒370-0068 群馬県高崎市昭和町53	(027)326-1155
	明和学園短期大学生活学科こども学専攻	保・幼	〒371-0034 群馬県前橋市昭和町3-7-27	(027)231-8286
埼玉	秋草学園短期大学幼児教育学科第一部 　　　　　　　　幼児教育学科第二部 　　　　　　　　地域保育学科	保・幼 保・幼 保・幼	〒359-1112 埼玉県所沢市泉町1789	(04)2925-1111
	川口短期大学こども学科	保・幼	〒333-0831 埼玉県川口市木曽呂1511	(048)294-1111
	国際学院埼玉短期大学幼児保育学科	保・幼	〒330-8548 埼玉県さいたま市大宮区吉敷町2-5	(048)641-7468
	埼玉純真短期大学こども学科	保・幼	〒348-0045 埼玉県羽生市下岩瀬430	(048)562-0711
	埼玉東萌短期大学幼児保育学科	保・幼	〒343-0851 埼玉県越谷市七佐町3-85-1	(048)987-2345
	武蔵野短期大学幼児教育学科	保・幼	〒350-1328 埼玉県狭山市広瀬台3-26-1	(04)2954-6131
	山村学園短期大学	保・幼	〒350-0396 埼玉県比企郡鳩山町石坂604	(049)296-2000
千葉	植草学園短期大学福祉学科児童障害福祉専攻	保・幼	〒264-0007 千葉県千葉市若葉区小倉町1639-3	(043)233-9031
	昭和学院短期大学人間生活学科こども発達専攻	保・幼	〒272-0823 千葉県市川市東菅野2-17-1	(047)324-7115
	聖徳大学短期大学部保育科第一部 　　　　　　　　　　保育科第二部 　　　　　　通信教育部保育科	保・幼 保・幼 保・幼	〒271-8555 千葉県松戸市岩瀬550	(047)365-1111 (047)365-1200
	清和大学短期大学部児童総合学科	保・幼	〒292-8511 千葉県木更津市東太田3-4-2	(0438)30-5522
	千葉敬愛短期大学現代子ども学科保育コース	保・幼	〒285-8567 千葉県佐倉市山王1-9	(043)486-7111
	千葉経済大学短期大学部こども学科保育コース	保・幼	〒263-0021 千葉県千葉市稲毛区轟町4-3-30	(043)255-3451
	千葉明徳短期大学保育創造学科	保・幼	〒260-8685 千葉県千葉市中央区南生実町1412	(043)265-1613
東京	青山学院女子短期大学子ども学科	保・幼	〒150-8366 東京都渋谷区渋谷4-4-25	(03)3409-8111
	有明教育芸術短期大学子ども教育学科	保・幼	〒153-0063 東京都江東区有明2-9-2	(03)5579-6211
	駒沢女子短期大学保育科	保・幼	〒206-8511 東京都稲城市坂浜238	(042)350-7111
	淑徳短期大学こども学科	保・幼	〒174-8631 東京都板橋区前野町6-36-4	(03)3966-7631
	白梅学園短期大学保育科	保・幼	〒187-8570 東京都小平市小川町1-830	(042)346-5619
	星美学園短期大学幼児保育学科 専攻科幼児保育専攻	保・幼	〒115-8524 東京都北区赤羽台4-2-14	(03)3906-0056
	鶴川女子短期大学幼児教育学科	保・幼	〒195-0054 東京都町田市三輪町1135	(044)988-1128
	帝京短期大学こども教育学科 こども教育専攻こども保育コース こども教育専攻通信教育課程	保・幼 保・幼	〒151-0071 東京都渋谷区本町6-31-1	(03)3379-9708 (03)3377-4865
	貞静学園短期大学保育学科	保・幼	〒112-8630 東京都文京区小日向1-26-13	(03)3944-9811
	東京家政大学短期大学部保育科	保・幼	〒173-8602 東京都板橋区加賀1-18-1	(03)3961-5226
	東京成徳短期大学幼児教育科	保・幼	〒114-0033 東京都北区十条台1-7-13	(03)3908-4563
	東京立正短期大学現代コミュニケーション学科 幼児教育専攻	保・幼	〒166-0013 東京都杉並区堀ノ内2-41-15	(03)3313-5101
	新渡戸文化短期大学生活学科児童生活専攻 専攻科児童生活専攻	保・幼	〒164-8638 東京都中野区本町6-38-1	(03)3381-0167

129

	日本体育大学女子短期大学部幼児教育保育科 専攻科保育専攻	保・幼	〒158-8508　東京都世田谷区深沢7-1-1	(03)5706-0900
	立教女学院短期大学幼児教育学科 専攻科幼児教育専攻	保・幼	〒168-8626　東京都杉並区久我山4-29-23	(03)3334-5104
神奈川	和泉短期大学児童福祉学科	保・幼	〒252-5222　神奈川県相模原市中央区青葉2-2-1	(042)754-1133
	小田原短期大学保育学科 　　　　　　　　保育学科通信教育課程	保・幼 保・幼	〒250-0045　神奈川県小田原市城山4-5-1	(0465)22-0285
	鎌倉女子大学短期大学部初等教育学科	保・幼	〒247-8512　神奈川県鎌倉市大船6-1-3	(0467)44-2111
	湘北短期大学保育学科	保・幼	〒243-8501　神奈川県厚木市温水428	(046)247-3131
	聖セシリア女子短期大学幼児教育学科	保・幼	〒242-0003　神奈川県大和市林間2-6-11	(046)274-8564
	洗足こども短期大学幼児教育保育科	保・幼	〒213-8580　神奈川県川崎市高津区久本2-3-1	(044)856-2743
	鶴見大学短期大学部保育科	保・幼	〒230-8501　神奈川県横浜市鶴見区鶴見2-1-3	(045)581-1001
	横浜女子短期大学保育科	保・幼	〒234-0054　神奈川県横浜市港南区港南台4-4-5	(045)833-7100
山梨	帝京学園短期大学保育科	保・幼	〒408-0044　山梨県北杜市小淵沢町615-1	(0551)36-2249
	山梨学院大学短期大学保育科	保・幼	〒400-8575　山梨県甲府市酒折2-4-5	(055)224-1400
長野	長野県短期大学幼児教育学科	保・幼	〒380-8525　長野県長野市三輪8-49-7	(026)234-1221
	飯田女子短期大学幼児教育学科	保・幼	〒395-8567　長野県飯田市松尾代田610	(0265)22-4460
	上田女子短期大学幼児教育学科	保・幼	〒386-1214　長野県上田市下之郷乙620	(0268)38-2352
	信州豊南短期大学幼児教育学科	保・幼	〒399-0498　長野県辰野町中山72	(0266)41-4411
	清泉女学院短期大学幼児教育科	保・幼	〒381-0085　長野県長野市上野2-120-8	(026)295-5665
	松本短期大学幼児保育学科	保・幼	〒399-0033　長野県松本市笹賀3118	(0263)58-4417
新潟	新潟青陵大学短期大学部幼児教育学科	保・幼	〒951-8121　新潟県新潟市中央区水道町1-5939	(025)266-8833
	新潟中央短期大学幼児教育科	保・幼	〒959-1322　新潟県加茂市学校町16-18	(0256)52-2120
富山	富山短期大学幼児教育学科	保・幼	〒930-0193　富山県富山市願海寺水口444	(076)436-5146
	富山福祉短期大学幼児教育学科	保・幼	〒939-0341　富山県射水市三ケ579	(0766)55-5567
石川	金城大学短期大学部幼児教育学科	保・幼	〒924-8511　石川県白山市笠間町1200	(076)276-4411
福井	仁愛女子短期大学幼児教育学科	保・幼	〒910-0124　福井県福井市天池町43-1-1	(0776)56-1133
岐阜	大垣女子短期大学幼児教育学科	保・幼	〒503-8554　岐阜県大垣市西之川町1-109	(0584)81-6811
	岐阜聖徳学園大学短期大学部幼児教育学科第一部 　　　　　　　　　　　　　幼児教育学科第三部	保・幼 保・幼	〒500-8288　岐阜県岐阜市中鶉1-38	(058)278-0711
	中京学院大学中京短期大学部保育科	保・幼	〒509-6192　岐阜県瑞浪市土岐町2216	(0572)68-4555
	中部学院大学短期大学部幼児教育学科	保・幼	〒501-3993　岐阜県関市桐ヶ丘2-1	(0575)24-2211
	東海学院大学短期大学部 児童教育学科幼児教育専攻	保・幼	〒504-8504　岐阜県各務原市那加桐野町2-43	(058)382-1148
静岡	静岡県立大学短期大学部 社会福祉学科社会福祉専攻	保	〒422-8021　静岡県静岡市駿河区小鹿2-2-1	(054)202-2600
	東海大学短期大学部児童教育学科	保・幼	〒420-8501　静岡県静岡市葵区宮前町101	(054)261-6321
	常葉大学短期大学部保育科	保・幼	〒420-0911　静岡県静岡市葵区瀬名2-2-1	(054)261-1313
	浜松学院大学短期大学部幼児教育科	保・幼	〒430-0906　静岡県浜松市中区住吉2-3-1	(053)473-6100
愛知	愛知文教女子短期大学幼児教育学科	保・幼	〒444-8520　愛知県岡崎市舳越町上川成28	(0564)34-1212
	愛知江南短期大学こども健康学科保育専攻	保・幼	〒483-8086　愛知県江南市高屋町大松原172	(0587)55-6165
	愛知文教女子短期大学幼児教育学科第１部 　　　　　　　　　　　　幼児教育学科第３部	保・幼 保・幼	〒492-8521　愛知県稲沢市稲葉2-9-17	(0587)32-5169
	愛知みずほ大学短期大学部 生活学科子ども生活専攻	保・幼	〒467-0867　愛知県名古屋市瑞穂区春敲町2-13	(052)882-1815
	修文大学短期大学部幼児教育学科第１部 　　　　　　　　　　幼児教育学科第３部	保・幼 保・幼	〒491-0938　愛知県一宮市日光町6	(0586)45-2101
	岡崎女子短期大学幼児教育学科第１部 　　　　　　　　　　幼児教育学科第３部	保・幼 保・幼	〒444-0015　愛知県岡崎市中町1-8-4	(0564)22-1295
	豊橋創造大学短期大学部幼児教育・保育科	保・幼	〒440-8511　愛知県豊橋市牛川町松下20-1	(050)2017-2100
	名古屋経営短期大学こども学科	保・幼	〒488-8711　愛知県尾張旭市 　　　　　　　新居町山の田3255-5	(0561)54-9611
	名古屋経済大学短期大学部保育科	保・幼	〒484-8503　愛知県犬山市内久保61-1	(0568)67-0616
	名古屋女子大学短期大学部保育学科	保・幼	〒467-8610　愛知県名古屋市瑞穂区汐路町3-40	(052)852-1111
	名古屋短期大学保育科	保・幼	〒470-1193　愛知県豊明市栄町武侍48	(0562)97-1306

	学校名	資格	郵便番号	住所	電話番号
	名古屋柳城短期大学保育科	保・幼	〒466-0034	愛知県名古屋市昭和区明月町2-54	(052)841-2635
三重	鈴鹿短期大学生活コミュニケーション学科 こども学専攻	保・幼	〒510-0298	三重県鈴鹿市郡山町663-222	(059)378-1020
	高田短期大学子ども学科	保・幼	〒514-0115	三重県津市一身田豊野195	(059)232-2310
滋賀	滋賀短期大学幼児教育保育学科	保・幼	〒520-0803	滋賀県大津市竜が丘24-4	(077)524-3605
	滋賀文教短期大学子ども学科保育士養成課程	保・幼	〒526-0829	滋賀県長浜市田村町335	(0749)63-5815
京都	大谷大学短期大学部幼児教育保育科	保・幼	〒603-8143	京都府京都市北区小山上総町	(075)432-3131
	華頂短期大学幼児教育学科	保・幼	〒605-0062	京都府京都市東山区林下町3-456	(075)551-1188
	京都光華女子大学短期大学部こども保育学科	保・幼	〒615-0822	京都府京都市右京区 西京極葛野町38	(075)325-5221
	京都聖母女学院短期大学児童教育学科	保・幼	〒612-0878	京都府京都市伏見区深草田谷町1	(075)643-6781
	京都西山短期大学仏教学科仏教保育専攻	保・幼	〒617-0811	京都府長岡京市粟生西条26	(075)951-0023
	京都文教短期大学幼児教育学科幼児教育専攻	保・幼	〒611-0041	京都府宇治市槇島町千足80	(0774)25-2405
	龍谷大学短期大学部こども教育学科	保・幼	〒612-8577	京都府京都市伏見区深草塚本町67	(075)642-1111
大阪	大阪青山大学短期大学部幼児教育・保育科	保・幼	〒562-8580	大阪府箕面市新稲2-11-1	(072)722-4165
	大阪キリスト教短期大学幼児教育学科	保・幼	〒545-0042	大阪府大阪市阿倍野区 丸山通1-3-61	(06)6652-2091
	大阪芸術大学短期大学部保育学科 通信教育部保育学科	保・幼 保・幼	〒546-0023 〒585-8525	大阪府大阪市東住吉区矢田2-14-19 大阪府南河内郡河南町東山469	(06)6691-7341 (0721)93-3950
	大阪健康福祉短期大学子ども福祉学科	保・幼	〒590-0014	大阪府堺市堺区田出井町2-8	(072)226-6625
	大阪国際大学短期大学部幼児保育学科保育コース	保・幼	〒570-8555	大阪府守口市藤田町6-21-57	(06)6902-0791
	大阪城南女子短期大学総合保育学科	保・幼	〒546-0013	大阪府大阪市東住吉区湯里6-4-26	(06)6702-9783
	大阪女子短期大学幼児教育科	保・幼	〒583-8558	大阪府藤井寺市春日丘3-8-1	(0729)55-0733
	大阪信愛女学院短期大学初等教育学科	保・幼	〒536-8585	大阪府大阪市城東区古市2-7-30	(06)6939-4391
	大阪成蹊短期大学幼児教育学科幼児教育学専攻	保・幼	〒533-0007	大阪府大阪市東淀川区相川3-10-62	(06)6829-2600
	大阪千代田短期大学幼児教育科	保・幼	〒586-8511	大阪府河内長野市小山田町1685	(0721)52-4141
	関西女子短期大学保育科	保・幼	〒582-0026	大阪府柏原市旭ヶ丘3-11-1	(072)977-6561
	堺女子短期大学美容生活文化学科保育士コース	保	〒590-0012	大阪府堺市堺区浅香山町1-2-20	(072)227-8814
	四條畷学園短期大学保育学科	保・幼	〒574-0001	大阪府大東市学園町6-45	(072)879-7231
	四天王寺大学短期大学部保育科	保・幼	〒583-8501	大阪府羽曳野市学園前3-2-1	(072)956-3181
	常磐会短期大学幼児教育科	保・幼	〒547-0031	大阪府大阪市平野区平野南4-6-7	(06)6709-3170
	東大阪大学短期大学部幼児教育学科	保・幼	〒577-8567	大阪府東大阪市西堤学園町3-1-1	(06)6782-2824
	プール学院大学短期大学部幼児教育保育学科	保・幼	〒590-0114	大阪府堺市南区槇塚台4-5-1	(072)292-7201
	平安女学院大学短期大学部保育科	保・幼	〒569-1092	大阪府高槻市南平台5-81-1	(072)693-2311
兵庫	芦屋学園短期大学幼児教育学科	保・幼	〒659-8511	兵庫県芦屋市六麓荘町13-22	(0797)23-0663
	近畿大学豊岡短期大学こども学科 通信教育部こども学科	保・幼 保・幼	〒668-8580	兵庫県豊岡市戸牧160	(0796)22-6361
	神戸女子短期大学幼児教育学科	保・幼	〒650-0046	兵庫県神戸市中央区港島中町4-7-2	(078)303-4811
	甲子園短期大学幼児教育保育学科	保・幼	〒663-8107	兵庫県西宮市瓦林町4-25	(0798)65-3300
	夙川学院短期大学児童教育学科	保・幼	〒650-0045	兵庫県神戸市中央区港島1-3-11	(078)940-1154
	頌栄短期大学保育科	保・幼	〒658-0065	兵庫県神戸市東灘区 御影山手1-18-1	(078)842-2541
	聖和短期大学保育科	保・幼	〒662-0827	兵庫県西宮市岡田山7-54	(0798)52-0724
	園田学園女子大学短期大学部幼児教育学科	保・幼	〒661-8520	兵庫県尼崎市南塚口町7-29-1	(06)6429-1201
	姫路日ノ本短期大学幼児教育保育コース	保・幼	〒679-2151	兵庫県姫路市香寺町香呂890	(079)232-4140
	兵庫大学短期大学部保育科1部 保育科3部	保・幼 保・幼	〒675-0195	兵庫県加古川市平岡町新在家2301	(079)424-0052
	湊川短期大学幼児教育保育学科	保・幼	〒669-1342	兵庫県三田市四ツ辻1430	(079)568-1858
	武庫川女子大学短期大学部幼児教育学科	保・幼	〒663-8558	兵庫県西宮市池開町6-46	(0798)45-3539
奈良	白鳳女子短期大学総合人間学科こども教育専攻	保・幼	〒636-0011	奈良県王寺町葛下1-7-17	(0745)32-7890
	奈良佐保短期大学地域こども学科 こども教育コース こども保育コース	保・幼 保・幼	〒630-8566	奈良県奈良市鹿野園町806	(0742)61-3858

都道府県	学校名	区分	郵便番号・住所	電話番号
	奈良学園大学奈良文化女子短期大学部幼児教育学科	保・幼	〒631-8523 奈良県奈良市登美ヶ丘3-15-1	(0742)93-5400
和歌山	和歌山信愛女子短期大学保育科	保・幼	〒640-0341 和歌山県和歌山市相坂702-2	(073)479-3330
鳥取	鳥取短期大学幼児教育保育学科	保・幼	〒682-8555 鳥取県倉吉市福庭854	(0858)26-1811
島根	島根県立大学短期大学部保育学科	保・幼	〒690-0044 島根県松江市浜乃木7-24-2	(0852)26-5525
岡山	倉敷市立短期大学保育学科	保・幼	〒711-0937 岡山県倉敷市児島稗田町160	(086)473-1860
	新見公立短期大学幼児教育学科	保・幼	〒718-8585 岡山県新見市西方1263-2	(0867)72-0634
	岡山短期大学幼児教育学科	保・幼	〒710-8511 岡山県倉敷市有城787	(048)428-2651
	川崎医療短期大学医療保育科	保・幼	〒701-0194 岡山県倉敷市松島316	(086)464-1032
	山陽学園短期大学幼児教育学科	保・幼	〒703-8501 岡山県岡山市中区平井1-14-1	(086)272-6254
	就実短期大学幼児教育学科	保・幼	〒703-8516 岡山県岡山市中区西川原1-6-1	(086)271-8111
	中国短期大学保育学科	保・幼	〒701-0197 岡山県岡山市北区庭瀬83	(086)293-1100
	美作大学短期大学部幼児教育学科	保・幼	〒708-8511 岡山県津山市北園町50	(0868)22-7718
広島	鈴峯女子短期大学保育学科	保・幼	〒733-8623 広島県広島市西区井口4-6-18	(082)278-1103
	比治山大学短期大学部幼児教育科	保・幼	〒732-8509 広島県広島市東区牛田新町4-1-1	(082)229-0121
	広島文化学園短期大学保育学科	保・幼	〒731-0136 広島県広島市安佐南区長束西3-5-1	(082)239-5171
	安田女子短期大学保育科	保・幼	〒731-0153 広島県広島市安佐南区安東6-13-1	(082)878-8111
山口	岩国短期大学幼児教育学科	保・幼	〒740-0032 山口県岩国市尾津町2-24-18	(0827)31-8141
	宇部フロンティア大学短期大学部保育学科	保・幼	〒755-8550 山口県宇部市文京町5-40	(0836)35-9511
	下関短期大学保育学科	保・幼	〒750-8508 山口県下関市桜山町1-1	(083)223-0338
	山口芸術短期大学保育学科幼児教育コース	保・幼	〒754-0001 山口県山口市小郡上郷1275	(083)972-2880
	山口短期大学児童教育学科幼児教育学専攻	保・幼	〒747-1232 山口県防府市大字台道1346-2	(0835)32-0138
徳島	四国大学短期大学部幼児教育保育科	保・幼	〒771-1192 徳島県徳島市応神町古川字戒子野123-1	(088)665-9905
	徳島文理大学短期大学部保育科	保・幼	〒770-8514 徳島県徳島市山城町西浜傍示180	(088)602-8000
香川	香川短期大学子ども学科第1部子ども学科第3部	保・幼 保・幼	〒769-0201 香川県綾歌郡宇多津町浜1-10	(0877)49-8030
	高松短期大学保育学科	保・幼	〒761-0194 香川県高松市春日町960	(087)841-3237
愛媛	今治明徳短期大学幼児教育学科	保・幼	〒794-0073 愛媛県今治市矢田甲688	(0898)22-7279
	環太平洋大学短期大学部人間発達学科子ども教育専攻	保・幼	〒798-0025 愛媛県宇和島市伊吹町421	(0895)22-0156
	聖カタリナ大学短期大学部保育学科	保・幼	〒799-2496 愛媛県松山市北条660	(089)993-1082
	松山東雲短期大学保育科	保・幼	〒790-8531 愛媛県松山市桑原3-2-1	(089)931-1664
高知	高知学園短期大学幼児保育学科	保・幼	〒780-0955 高知県高知市旭天神町292-26	(088)840-1664
福岡	近畿大学九州短期大学保育科通信教育部保育科	保・幼 保・幼	〒820-8513 福岡県飯塚市菰田東1-5-30	(0948)22-5726
	九州大谷短期大学幼児教育学科 幼児教育コース 児童福祉・心理コース	保・幼 保	〒833-0054 福岡県筑後市蔵数495-1	(0942)53-9900
	九州女子短期大学子ども健康学科	保・幼	〒807-8586 福岡県北九州市八幡西区自由ヶ丘1-1	(093)693-3116
	久留米信愛女学院短期大学幼児教育学科	保・幼	〒839-8508 福岡県久留米市御井町2278-1	(0942)43-4531
	香蘭女子短期大学保育学科	保・幼	〒811-1311 福岡県福岡市南区横手1-2-1	(092)581-1538
	純真短期大学こども学科	保・幼	〒815-8510 福岡県福岡市南区筑紫丘1-1-1	(092)541-1513
	精華女子短期大学幼児保育学科	保・幼	〒812-0886 福岡県福岡市博多区南八幡町2-12-1	(092)591-6331
	西南女学院大学短期大学部保育科	保・幼	〒803-0835 福岡県北九州市小倉北区井堀1-3-5	(093)583-5700
	筑紫女学園大学短期大学部幼児教育科	保・幼	〒818-0192 福岡県太宰府市石坂2-12-1	(092)925-3511
	中村学園大学短期大学部幼児保育学科	保・幼	〒814-0198 福岡県福岡市城南区別府5-7-1	(092)851-2531
	西日本短期大学保育学科	保・幼	〒810-0066 福岡県福岡市中央区福浜1-3-1	(092)721-1141
	東筑紫短期大学保育学科	保・幼	〒803-8511 福岡県北九州市小倉北区下到津5-1-1	(093)561-2136
	福岡子ども短期大学こども教育学科	保・幼	〒818-0197 福岡県太宰府市五条3-11-25	(092)922-7231
	福岡女子短期大学保育学科	保・幼	〒818-0193 福岡県太宰府市五条4-16-1	(092)922-4034

都道府県	名称	課程	所在地	TEL
佐賀	九州龍谷短期大学保育学科	保・幼	〒841-0072 佐賀県鳥栖市村田町岩井手1350	(0942)85-1121
	佐賀女子短期大学こども学科	保・幼	〒840-8550 佐賀県佐賀市本庄町本庄1313	(0952)23-5145
	西九州大学短期大学部幼児保育学科	保・幼	〒840-0806 佐賀県佐賀市神園3-18-15	(0952)31-3001
長崎	長崎短期大学保育学科保育専攻	保・幼	〒858-0925 長崎県佐世保市椎木町600	(0956)47-5566
	長崎女子短期大学幼児教育学科	保・幼	〒850-8512 長崎県長崎市弥生町19-1	(095)826-5344
熊本	尚絅大学短期大学部幼児教育学科	保・幼	〒861-8538 熊本県熊本市北区楡木6-5-1	(096)338-8840
	中九州短期大学幼児保育学科	保・幼	〒866-8502 熊本県八代市平山新町4438	(0965)34-7651
大分	東九州短期大学幼児教育学科	保・幼	〒871-0014 大分県中津市大字一ツ松211	(0979)22-2425
	別府大学短期大学部初等教育科保育・幼稚園コース・保育科	保・幼 保	〒874-8501 大分県別府市北石垣82 〒870-0868 大分県大分市野田380	(0977)67-0101 (097)586-0001
	別府溝部学園短期大学幼児教育学科	保・幼	〒874-8567 大分県別府市亀川中央町29-10	(0977)66-0224
宮崎	宮崎学園短期大学保育科	保・幼	〒889-1605 宮崎県宮崎市清武町加納丙1415	(0985)85-0146
鹿児島	鹿児島純心女子短期大学生活学科こども学専攻	保・幼	〒890-8525 鹿児島県鹿児島市唐湊4-22-1	(099)253-2677
	鹿児島女子短期大学児童教育学科 小・保コース 幼・保コース	保 保・幼	〒890-8565 鹿児島県鹿児島市高麗町6-9	(099)254-9191
	第一幼児教育短期大学幼児教育科	保・幼	〒899-4395 鹿児島県霧島市国分中央1-12-42	(0995)47-2072
沖縄	沖縄キリスト教短期大学保育科	保・幼	〒903-0207 沖縄県中頭郡西原町字翁長777	(098)946-1235
	沖縄女子短期大学児童教育学科	保・幼	〒902-0077 沖縄県那覇市長田2-2-21	(098)833-0716

● 専門学校

都道府県	名称	課程	所在地	TEL
北海道	旭川福祉専門学校こども学科	保・幼	〒071-1496 北海道上川郡東川町進化台	(0166)82-3566
	オホーツク社会福祉専門学校こども未来学科	保	〒090-0817 北海道北見市常盤町3-14-10	(0157)24-1750
	釧路専門学校こども環境科	保・幼	〒084-0910 北海道釧路市昭和中央2-7-3	(0154)51-3195
	経専北海道保育専門学校こども学科 こども未来学科	保・幼 保・幼	〒005-0004 北海道札幌市南区澄川4条4-4-1	(011)812-9626
	こども學舎保育科保育士養成通学課程昼間部 夜間部	保 保	〒063-0812 北海道札幌市西区琴似2条3-1-3 テーオービル3階	(011)616-1771
	札幌こども専門学校保育科	保	〒060-0001 北海道札幌市中央区北1条西19-1-10	(011)616-2111
	札幌社会福祉専門学校福祉科	保	〒064-0811 北海道札幌市中央区南11条西8-2-47	(011)512-1321
	専門学校北海道福祉大学校福祉保育学科	保・幼	〒060-0063 北海道札幌市中央区南3条西1	(011)272-6085
	北海道福祉教育専門学校こども未来学科	保	〒051-0004 北海道室蘭市母恋北町1-5-11	(0143)22-7722
青森	東奥保育・福祉専門学院保育科	保・幼	〒030-0821 青森県青森市勝田2-13	(017)735-3353
	弘前厚生学院保育専科	保	〒036-8185 青森県弘前市御幸町8-10	(0172)33-2102
岩手	専修大学北上福祉教育専門学校保育科	保	〒024-8513 岩手県北上市鍛冶町1-3-1	(0197)61-2131
宮城	仙台医療福祉専門学校保育介護福祉学科	保・幼	〒980-0021 宮城県仙台市青葉区中央4-7-20	(022)217-8877
	仙台こども専門学校保育科	保	〒984-0051 宮城県仙台市若林区新寺1-4-16	(022)742-5660
	仙台保健福祉専門学校こども科	保	〒981-3206 宮城県仙台市泉区明通2-1-1	0120-329-083
	仙台幼児保育専門学校幼児保育科 こども保育科	保・幼 保	〒980-0801 宮城県仙台市青葉区木町通2-3-39	(022)717-4550
茨城	リリー保育福祉専門学校こども未来学科 こども教育学科	保・幼 保・幼	〒310-0022 茨城県水戸市梅香2-1-44	(029)226-0206
群馬	大泉保育福祉専門学校保育科1部 保育科2部	保 保	〒370-0525 群馬県邑楽郡大泉町日の出56-2	(0276)62-5806
	大原簿記情報ビジネス医療福祉専門学校 こども保育学科	保	〒370-0846 群馬県高崎市下和田町5-3-16	(027)325-1100
	群馬社会福祉専門学校福祉保育学科	保	〒371-0846 群馬県前橋市元総社町152	0120-135-294
埼玉	大原医療秘書福祉保育専門学校 大宮校こども保育学科	保	〒330-0802 埼玉県さいたま市大宮区宮町4-13-7	(048)647-3399

都道府県	学校名	区分	〒	住所	電話
	大宮こども専門学校保育科	保	〒330-0854	埼玉県さいたま市大宮区桜木町1-197-1	(048)658-0855
	越谷保育専門学校 第一部幼稚園教諭・保育士養成学科	保・幼	〒343-0023	埼玉県越谷市東越谷3-10-2	(048)965-4111
千葉	江戸川大学総合福祉専門学校こども福祉科	保	〒270-0198	千葉県流山市駒木474	(04)7155-2691
	千葉女子専門学校保育科	保・幼	〒260-0006	千葉県千葉市中央区道場北1-21-21	(043)226-1525
	成田国際福祉専門学校保育士科	保	〒286-0014	千葉県成田市郷部583-1	(0476)26-1511
東京	愛国学園保育専門学校幼児教育科	保・幼	〒133-8585	東京都江戸川区西小岩5-7-1	(03)3658-4111
	大原医療秘書福祉専門学校こども保育学科	保	〒101-8352	東京都千代田区神田神保町2-10-33	(03)3237-8711
	蒲田保育専門学校幼稚園教諭・保育士養成科	保・幼	〒144-8544	東京都大田区本羽田1-4-1	(03)3741-7460
	玉成保育専門学校保育学科	保	〒167-0054	東京都杉並区松庵1-9-33	(03)3332-5973
	篠原保育医療情報専門学校こども保育学科 こども保育学科（夜間部）	保 保	〒101-0051	東京都千代田区神田神保町1-52-4	(03)3219-3271
	彰栄保育福祉専門学校保育科	保・幼	〒112-0001	東京都文京区白山4-14-15	(03)3941-2613
	上智社会福祉専門学校保育士科	保	〒102-8554	東京都千代田区紀尾井町7-1	(03)3238-3021
	聖心女子専門学校保育科	保・幼	〒108-0072	東京都港区白金4-11-1	(03)3442-8649
	聖徳大学幼児教育専門学校保育科第1部 保育科第2部	保・幼 保・幼	〒108-0073	東京都港区三田3-4-28	(03)5476-8811
	草苑保育専門学校幼稚園教諭・保育士養成科	保・幼	〒171-0031	東京都豊島区目白3-17-11	(03)3953-4016
	竹早教員保育士養成所幼稚園教員・保育士科	保・幼	〒112-0002	東京都文京区小石川4-1-20	(03)3811-7251
	道灌山学園保育福祉専門学校 幼稚園教員・保育士養成科Ⅰ部 幼稚園教員・保育士養成科Ⅱ部	 保・幼 保・幼	〒116-0013	東京都荒川区西日暮里4-7-15	(03)3828-8478
	東京教育専門学校幼稚園教諭・保育士養成科	保・幼	〒161-0033	東京都新宿区下落合2-1-12	(03)3983-3385
	東京工学院専門学校幼児教育学科	保・幼	〒151-0051	東京都渋谷区千駄ヶ谷5-30-16	0120-634-200
	東京国際福祉専門学校子育て支援学科	保	〒160-0022	東京都新宿区新宿1-11-7	(03)3352-9280
	東京福祉保育専門学校こども学科	保・幼	〒170-8434	東京都豊島区東池袋4-23-4	(03)3987-5611
	東京保育専門学校保育科1部 保育科2部	保・幼 保・幼	〒166-0003	東京都杉並区高円寺南2-32-30	(03)3311-7014
	東京YMCA社会体育・保育専門学校保育科	保・幼	〒135-0016	東京都江東区東陽2-2-15	(03)3615-5577
	日本児童教育専門学校総合子ども学科 保育福祉科	保・幼 保	〒169-0012	東京都新宿区高田馬場1-32-15	(03)3207-5311
神奈川	岩谷学園テクノビジネス横浜保育専門学校 保育士養成科	保・幼	〒220-0023	神奈川県横浜市西区平沼1-2-5	(045)321-3210
	大原医療秘書福祉専門学校 横浜校こども保育学科	保	〒221-0825	神奈川県横浜市神奈川区反町1-8-14	(045)311-6821
	聖ヶ丘教育福祉専門学校 第一部幼稚園教員・保育士養成科 第二部幼稚園教員・保育士養成科 第一部保育士養成科	 保・幼 保・幼 保	〒240-0067	神奈川県横浜市保土ヶ谷区常盤台66-18	(045)335-2312
	横浜高等教育専門学校児童科保育課程	保・幼	〒222-0024	神奈川県横浜市港北区篠原台町36-37	(045)421-8861
	横浜こども専門学校保育科	保・幼	〒221-0823	神奈川県横浜市神奈川区二ツ谷町1-5	(045)317-9961
	横浜保育福祉専門学校保育こども学科	保・幼	〒244-0801	神奈川県横浜市戸塚区品濃町550-8	(045)826-7730
長野	長野県福祉大学校保育学科	保	〒392-0007	長野県諏訪市清水2-2-15	(0266)52-1459
	文化学園長野専門学校保育科	保	〒380-0915	長野県長野市上千田141	(026)227-2090
新潟	国際こども・福祉カレッジこども福祉学科 こども福祉教育学科 こども未来教育学科 介護福祉こども学科	保・幼 保・幼 保・幼 保・幼	〒951-8063	新潟県新潟市中央区古町通7-935　NSG-スクエア7階	(025)229-6600
	長岡こども福祉カレッジこども保育科	保	〒940-0064	新潟県長岡市殿町1-1-32	(0258)37-2058
	新潟こども医療専門学校保育科 こども未来学科 こども発達学科	保・幼 保・幼 保・幼	〒950-0084	新潟県新潟市中央区明石1-3-5	(025)241-0136
	日本こども福祉専門学校こども保育学科	保	〒950-2121	新潟県新潟市西区槇尾1425	(025)261-0383
	ひまわり幼児教育専門学院こども学科	保	〒950-0034	新潟県新潟市東区浜谷町2-5-34	(025)274-7000

	学校名	資格	〒	住所	電話
	北陸福祉保育専門学院こども学科 福祉保育学科	保・幼 保・幼	〒940-0034	新潟県長岡市福住1-5-25	(0258)32-0288
富山	高岡第一学園幼稚園教諭・保育士養成所	保・幼	〒933-0947	富山県高岡市本郷2-1-35	(0766)24-9512
	富山県立保育専門学院保育学科	保	〒933-0043	富山県高岡市中川上町5-1	(0766)22-3787
	富山情報ビジネス専門学校幼児教育学科	保	〒939-0341	富山県射水市三ケ576	(0766)55-1420
石川	石川県立保育専門学園保育学科	保	〒921-8041	石川県金沢市泉1-3-63	(076)242-5185
	専門学校アリス学園福祉専門学科保育士コース	保・幼	〒921-8176	石川県金沢市円光寺本町8-50	(076)280-1001
	金沢福祉専門学校こども福祉学科	保	〒921-8164	石川県金沢市久安3-430	(076)242-1625
福井	福井県医療福祉専門学校こども・介護学科	保	〒910-0803	福井県福井市高柳町19-10-1	(0776)52-5530
愛知	慈恵福祉保育専門学校保育学科 福祉保育学科	保・幼 保・幼	〒444-0931	愛知県岡崎市大和町字中切1-9	(0564)32-8811
	中部コンピュータ・パティシエ・保育専門学校保育科	保	〒440-0895	愛知県豊橋市花園町75	(0532)52-2000
	中部福祉保育医療専門学校こども保育教育学科	保・幼	〒442-0811	愛知県豊川市馬場町上石畑61	(0533)83-4000
	名古屋こども専門学校保育科	保	〒451-0045	愛知県名古屋市西区名駅2-15-17	(052)533-2110
	名古屋文化学園保育専門学校保育科 　第一部幼稚園教員保育士コース 　第二部幼稚園教員保育士コース	保 保・幼 保・幼	〒461-0011	愛知県名古屋市東区白壁1-54	(052)962-9113
	名古屋芸術大学保育・福祉専門学校保育科 保育科第2部	保・幼 保・幼	〒466-0047	愛知県名古屋市昭和区 永金町1-1-15	(052)882-0461
京都	京都保育福祉専門学院保育科 　保育士資格取得コース 　保育士資格＆幼稚園教諭2種免許取得コース	保 保・幼	〒615-8156	京都府京都市西京区樫原百々ヶ池3	(075)391-6411
大阪	大阪教育福祉専門学校幼児教育科第1部 幼児教育科第2部	保・幼 保・幼	〒544-0023	大阪府大阪市生野区林寺2-21-13	(06)6719-0001
	大阪健康ほいく専門学校保育科	保	〒595-0021	大阪府泉大津市東豊中町3-1-15	(0725)46-0294
	大阪こども専門学校保育科	保	〒532-0011	大阪府大阪市淀川区西中島3-4-10	(06)4806-6800
	大阪総合福祉専門学校総合保育学科	保	〒531-0074	大阪府大阪市北区本庄東1-8-19	(06)4802-2400
	大阪保育福祉専門学校児童福祉科 保育科	保 保	〒618-0001	大阪府三島郡島本町山崎5-3-10	(075)962-1115
	大阪保健福祉専門学校保健保育科（昼夜開講制） 保育士通信教育科	保 保	〒532-0003	大阪府大阪市淀川区宮原1-2-47	(06)6396-2941
	大原スポーツ＆保育専門学校 大阪校保育養成科	保	〒532-0011	大阪府大阪市淀川区西中島3-8-12	(06)4806-8686
	南海福祉専門学校児童福祉科	保・幼	〒592-0005	大阪府高石市千代田6-12-53	(072)262-1094
	日本メディカル福祉専門学校こども福祉学科 保育科通信課程	保 保	〒533-0015	大阪府大阪市東淀川区大隅1-3-14	(06)6329-6553
	箕面学園福祉保育専門学校保育科	保	〒562-0001	大阪府箕面市箕面7-7-31	(072)723-6590
兵庫	関西保育福祉専門学校保育科	保	〒660-0881	兵庫県尼崎市昭和通1-20-1	(06)6401-9891
	神戸こども総合専門学院保育科	保	〒651-1101	兵庫県神戸市北区 山田町小部東山56-2	(078)591-5879
	ハーベスト医療福祉専門学校 社会福祉専門課程リトミック保育学科	保	〒670-0962	兵庫県姫路市南駅前町91-6	(079)224-1777
	姫路福祉保育専門学校保育こども学科	保	〒670-0972	兵庫県姫路市手柄1-22	(079)281-0555
奈良	奈良保育学院教育保育専門課程保育科	保・幼	〒630-8121	奈良県奈良市三条宮前町3-6	(0742)33-3622
鳥取	鳥取県立保育専門学院	保	〒682-0805	鳥取県倉吉市南昭和町15	(0858)22-1042
島根	島根総合福祉専門学校児童福祉科	保	〒692-0404	島根県安来市広瀬町広瀬753-15	(0854)32-4196
	山陰中央専門大学校子ども総合学科	保	〒690-0001	島根県松江市東朝日町75-12	(0852)31-5500
岡山	旭川荘厚生専門学院児童福祉科	保・幼	〒703-8560	岡山県岡山市北区祇園866	(086)275-0145
広島	穴吹医療福祉専門学校こども保育学科	保・幼	〒720-0052	広島県福山市明神町2-3-6	(084)931-3325
山口	YIC保育＆ビジネス専門学校こども学科	保	〒743-0023	山口県光市光ヶ丘3-17	(0833)48-9215
徳島	専門学校穴吹福祉医療カレッジこども保育学科	保・幼	〒770-0852	徳島県徳島市徳島町2-20	(088)653-3155
香川	専門学校穴吹パティシエ福祉カレッジ こども保育学科	保・幼	〒760-0021	香川県高松市西の丸町14-10	(087)823-5566
	守里会看護福祉専門学校保育学科	保	〒761-8012	香川県高松市香西本町17-9	(087)813-3359
愛媛	河原医療福祉専門学校こども未来科	保	〒790-0014	愛媛県松山市柳井町3-3-13	(089)946-3388
高知	高知福祉専門学校こども福祉学科	保	〒780-0832	高知県高知市九反田8-15	(088)884-8484

都道府県	名称	課程	所在地	TEL
	龍馬看護ふくし専門学校子ども未来学科	保・幼	〒780-0051 高知県高知市北本町1-5-3	(088)825-1800
福岡	大原保育医療福祉専門学校保育福祉学科	保	〒812-0026 福岡県福岡市博多区上川端町14-13	(092)271-2281
	北九州保育福祉専門学校幼児教育科	保・幼	〒800-0343 福岡県京都郡苅田町上片島1575	(0930)23-3213
	福岡教員養成所教育・社会福祉専門課程 　児童教育科幼児教育課程第1部 　児童教育科幼児教育課程第2部	保・幼 保	〒811-1302 福岡県福岡市南区井尻2-3-1	(092)581-4075
	福岡こども専門学校保育科	保・幼	〒812-0013 福岡県福岡市博多区 博多駅東1-16-31	0120-553-336
熊本	専門学校湖東カレッジ唐人町校幼稚園学科	保・幼	〒860-0021 熊本県熊本市中央区上鍛冶屋町8-2	(096)351-1001
宮崎	宮崎医療管理専門学校保育科	保	〒889-1701 宮崎県宮崎市田野町甲1556-1	(0985)86-2271
鹿児島	神村学園専修学校こども学科	保・幼	〒896-8686 鹿児島県いちき串木野市別府4460	(0996)32-3232
沖縄	沖縄福祉保育専門学校こども未来学科	保・幼	〒900-0033 沖縄県那覇市久米1-5-17	(098)868-5796
	ソーシャルワーク専門学校こども未来学科	保・幼	〒901-2304 沖縄県中頭郡北中城村屋宜原212-1	(098)933-8788

●高等学校専攻科

都道府県	名称	課程	所在地	TEL
岩手	盛岡誠桜高等学校専攻科子ども未来学科	保	〒020-0114 岩手県盛岡市高松1-21-14	(019)661-3633

厚生労働省「指定保育士養成施設一覧」などによる（2014年8月現在）

●介護福祉士専攻科のある学校

都道府県	名称	受験資格	所在地	TEL
北海道	旭川大学短期大学部	保育士課程修了	〒079-8501 北海道旭川市永山3条23-1-9	(0166)48-3121
	釧路専門学校	保育士課程修了	〒084-0910 北海道釧路市昭和中央2-7-3	(0154)51-3195
	國學院大學北海道短期大学部	保育士課程修了	〒073-0014 北海道滝川市文京町3-1-1	(0125)23-4111
	専門学校北海道福祉大学校	保育士課程修了	〒060-0063 北海道札幌市中央区南3条西1	(011)272-6085
	函館大谷短期大学	保育士課程修了	〒041-0852 北海道函館市鍛冶1-2-3	(0138)51-1786
青森	青森中央短期大学	保育士課程修了	〒030-0132 青森県青森市横内字神田12	(017)728-0121
	弘前厚生学院	保育士課程修了	〒036-8185 青森県弘前市御幸町8-10	(0172)33-2102
宮城	仙台医療福祉専門学校	指定科目履修者	〒980-0021 宮城県仙台市青葉区中央4-7-20	(022)217-8877
山形	羽陽学園短期大学	保育士課程修了	〒994-0065 山形県天童市大字清池1559	(023)655-2385
福島	いわき短期大学	保育士課程修了	〒970-8023 福島県いわき市平鎌田字寿金沢37	(0246)25-9185
	福島学院大学短期大学部	保育士課程修了	〒960-0181 福島県福島市宮代乳児園1-1	(024)553-3221
群馬	群馬社会福祉専門学校	保育士課程修了	〒371-0846 群馬県前橋市元総社町152	0120-135-294
千葉	植草学園短期大学	保育士課程修了	〒264-0007 千葉県千葉市若葉区小倉町1639-3	(043)233-9031
東京	愛国学園保育専門学校	保育士課程修了	〒133-8585 東京都江戸川区西小岩5-7-1	(03)3658-4111
	彰栄保育福祉専門学校	保育士課程修了	〒112-0001 東京都文京区白山4-14-15	(03)3941-2613
	貞静学園短期大学	保育士課程修了	〒112-8630 東京都文京区小日向1-26-13	(03)3944-9811
	道灌山学園保育福祉専門学校	保育士課程修了	〒116-0013 東京都荒川区西日暮里4-7-15	(03)3828-8478
神奈川	和泉短期大学	保育士課程修了	〒252-5222 神奈川県相模原市中央区青葉2-2-1	(042)754-1133
	鶴見大学短期大学部	保育士課程修了	〒230-8501 神奈川県横浜市鶴見区鶴見2-1-3	(045)581-1001
	聖ケ丘教育福祉専門学校	保育士課程修了	〒240-0067 神奈川県横浜市保土ヶ谷区常盤台66-18	(045)335-2312
長野	松本短期大学	保育士課程修了	〒399-0033 長野県松本市笹賀3118	(0263)58-4417
	長野県福祉大学校	保育士課程修了	〒392-0007 長野県諏訪市清水2-2-15	(0266)52-1459
	文化学園長野専門学校	保育士課程修了	〒380-0915 長野県長野市上千田141	(026)227-2090

石川	金城大学短期大学部	保育士課程修了	〒924-8511 石川県白山市笠間町1200	(076)276-4411
岐阜	中部学院大学短期大学部	保育士課程修了	〒501-3993 岐阜県関市桐ヶ丘2-1	(0575)24-2211
愛知	愛知文教女子短期大学	保育士課程修了	〒492-8521 愛知県稲沢市稲葉2-9-17	(0587)32-5169
	豊橋創造大学短期大学部	保育士課程修了	〒440-8511 愛知県豊橋市牛川町松下20-1	(050)2017-2100
	名古屋柳城短期大学	保育士課程修了	〒466-0034 愛知県名古屋市昭和区明月町2-54	(052)841-2635
大阪	大阪城南女子短期大学	保育士課程修了	〒546-0013 大阪府大阪市東住吉区湯里6-4-26	(06)6702-9783
	大阪教育福祉専門学校	保育士課程修了	〒544-0023 大阪府大阪市生野区林寺2-21-13	(06)6719-0001
奈良	奈良佐保短期大学	保育士課程修了	〒630-8566 奈良県奈良市鹿野園町806	(0742)61-3858
鳥取	鳥取短期大学	保育士課程修了	〒682-8555 鳥取県倉吉市福庭854	(0858)26-1811
岡山	中国短期大学	保育士課程修了	〒701-0197 岡山県岡山市北区庭瀬83	(086)293-1100
	美作大学短期大学部	保育士課程修了	〒708-8511 岡山県津山市北園町50	(0868)22-7718
香川	香川短期大学	保育士課程修了	〒769-0201 香川県綾歌郡宇多津町浜1-10	(0877)49-8030
福岡	九州大谷短期大学	保育士課程修了	〒833-0054 福岡県筑後市蔵数495-1	(0942)53-9900
	精華女子短期大学	保育士課程修了	〒812-0886 福岡県福岡市博多区南八幡町2-12-1	(092)591-6331
	東筑紫短期大学	保育士課程修了	〒803-8511 福岡県北九州市小倉北区下到津5-1-1	(093)561-2136
佐賀	西九州大学短期大学部	保育士課程修了	〒840-0806 佐賀県佐賀市神園3-18-15	(0952)31-3001
大分	別府大学短期大学部	保育士課程修了	〒874-8501 大分県別府市北石垣82	(097)767-0101
宮崎	宮崎学園短期大学	保育士課程修了	〒889-1605 宮崎県宮崎市清武町加納丙1415	(0985)85-0146
	宮崎医療管理専門学校	保育士課程修了	〒889-1701 宮崎県宮崎市田野町甲1556-1	(0985)86-2271

日本介護福祉士養成施設協会ホームページなどによる　(2014年8月現在)

問い合わせ先一覧

保育士試験は全国保育士養成協議会の保育士試験事務センター、保育士登録は日本保育協会の登録事務処理センターでそれぞれの事務を行っています。ホームページに案内がありますのでのぞいてみましょう。保育所や保育士の団体もあります。また、各都道府県の社会福祉協議会などで保育士試験対策講座を実施している場合もありますので、問い合わせてみるといいでしょう。

▼

●保育士試験について

名称	所在地・URL	TEL
(一社)全国保育士養成協議会 保育士試験事務センター	〒171-8536 東京都豊島区高田3-19-10 http://www.hoyokyo.or.jp/exam/	(03)3590-5561 0120-4194-82

●保育士登録について

名称	所在地・URL	TEL
(社福)日本保育協会登録事務処理センター	〒150-0001 東京都渋谷区神宮前5-53-1 http://www.hoikushi.jp/	(03)5485-3150

●保育所や保育士の団体

名称	所在地・URL	TEL
(社福)全国社会福祉協議会全国保育協議会	〒100-8980 東京都千代田区霞が関3-3-2 新霞が関ビル http://www.zenhokyo.gr.jp/	(03)3581-6503
(社福)全国社会福祉協議会全国保育士会	〒100-8980 東京都千代田区霞が関3-3-2 新霞が関ビル 全国社会福祉協議会・児童福祉部内 http://www.z-hoikushikai.com/	(03)3581-6503

就職先を探すリスト

保育士の仕事を探すときは、ハローワークや福祉人材センターで情報が集められます。一度近くの窓口に出かけてみるといいでしょう。

●福祉人材センター

都道府県	名称	所在地	TEL
中央	(社福)全国社会福祉協議会・中央福祉人材センター	〒100-8980 東京都千代田区霞が関3-3-2 新霞が関ビル 全国社会福祉協議会内	(03)3581-7801
北海道	北海道福祉人材センター	〒060-0002 北海道札幌市中央区北2条西7-1 かでる2・7 3階	(011)272-6662
青森	青森県福祉人材センター	〒030-0822 青森県青森市中央3-20-30 県民福祉プラザ2階	(017)777-0012
岩手	岩手県福祉人材センター	〒020-0831 岩手県盛岡市三本柳8-1-3 ふれあいランド岩手2階	(019)637-4522
宮城	宮城県福祉人材センター	〒980-0014 宮城県仙台市青葉区本町3-7-4 宮城県社会福祉会館1階	(022)262-9777
秋田	秋田県福祉保健人材センター	〒010-0922 秋田県秋田市旭北栄町1-5 秋田県社会福祉会館5階	(018)864-2880
山形	山形県福祉人材センター	〒990-0021 山形県山形市小白川町2-3-30	(023)633-7739
福島	福島県福祉人材センター	〒960-8141 福島県福島市渡利字七社宮111 福島県総合社会福祉センター3階	(024)521-5662
茨城	茨城県福祉人材センター	〒310-0851 茨城県水戸市千波町1918 茨城県総合福祉会館2階	(029)244-3727
栃木	栃木県福祉人材・研修センター	〒320-8508 栃木県宇都宮市若草1-10-6 とちぎ福祉プラザ3階	(028)643-5622
群馬	群馬県福祉マンパワーセンター	〒371-8525 群馬県前橋市新前橋町13-12 群馬県社会福祉総合センター6階	(027)255-6600
埼玉	埼玉県福祉人材センター	〒330-8529 埼玉県さいたま市浦和区針ヶ谷4-2-65 すこやかプラザ1階	(048)833-8033
千葉	千葉県福祉人材センター	〒260-0015 千葉県千葉市中央区富士見2-3-1 塚本大千葉ビル6階	(043)441-6301
東京	東京都福祉人材センター	〒102-0072 東京都千代田区飯田橋3-10-3 東京しごとセンター7階	(03)5211-2860
神奈川	かながわ福祉人材センター	〒221-0835 神奈川県横浜市神奈川区鶴屋町2-24-2 かながわ県民センター13階	(045)312-4816
山梨	山梨県福祉人材センター	〒400-0005 山梨県甲府市北新1-2-12 山梨県福祉プラザ4階	(055)254-8654
長野	長野県福祉人材研修センター	〒380-0928 長野県長野市若里7-1-7 長野県社会福祉総合センター4階	(026)226-7330
新潟	新潟県福祉人材センター	〒950-8575 新潟県新潟市中央区上所2-2-2 新潟ユニゾンプラザ3階	(025)281-5523
富山	富山県健康・福祉人材センター	〒930-0094 富山県富山市安住町75-21 富山県総合福祉会館	(076)432-6156
石川	石川県福祉人材センター	〒920-0964 石川県金沢市本多町3-1-10 石川県社会福祉会館内	(076)234-1151
福井	福井県福祉人材センター	〒910-8516 福井県福井市光陽2-3-22 福井県社会福祉センター1階	(0776)21-2294
岐阜	岐阜県福祉人材総合対策センター	〒500-8385 岐阜県岐阜市下奈良2-2-1 岐阜県福祉・農業会館6階	(058)276-2510
静岡	静岡県社会福祉人材センター	〒420-0856 静岡県静岡市葵区駿府町1-70 県総合社会福祉会館シズウェル3階	(054)271-2110
愛知	愛知県福祉人材センター	〒460-0002 愛知県名古屋市中区丸の内2-4-7 愛知県社会福祉会館内	(052)223-0408

都道府県	名称	所在地	TEL
三重	三重県福祉人材センター	〒514-8552 三重県津市桜橋2-131 三重県社会福祉会館内	(059)224-1082
滋賀	滋賀県介護・福祉人材センター	〒525-0072 滋賀県草津市笠山7-8-138 滋賀県立長寿社会福祉センター内	(077)567-3925
京都	京都府福祉人材・研修センター	〒604-0874 京都府京都市中京区竹屋町通烏丸東入ル清水町375 ハートピア京都地下1階	(075)252-6297
大阪	大阪福祉人材支援センター	〒542-0065 大阪府大阪市中央区中寺1-1-54 大阪社会福祉指導センター1階	(06)6762-9020
兵庫	兵庫県福祉人材センター	〒651-0062 兵庫県神戸市中央区坂口通2-1-1 兵庫県福祉センター内	(078)271-3881
奈良	奈良県福祉人材センター	〒634-0061 奈良県橿原市大久保町320-11 県社会福祉総合センター3階	(0744)29-0160
和歌山	和歌山県福祉人材センター	〒640-8545 和歌山県和歌山市手平2-1-2 県民交流プラザ和歌山ビッグ愛7階	(073)435-5211
鳥取	鳥取県福祉人材センター	〒689-0201 鳥取県鳥取市伏野1729-5 県立福祉人材研修センター	(0857)59-6336
島根	島根県福祉人材センター	〒690-0011 島根県松江市東津田町1741-3 いきいきプラザ島根2階	(0852)32-5957
岡山	岡山県福祉人材センター	〒700-0807 岡山県岡山市北区南方2-13-1 きらめきプラザ1階	(086)226-3507
広島	広島県社会福祉人材育成センター	〒732-0816 広島県広島市南区比治山本町12-2 広島県社会福祉会館内	(082)256-4848
山口	山口県福祉人材センター	〒753-0072 山口県山口市大手町9-6 山口県社会福祉会館内	(083)922-6200
徳島	徳島県福祉人材センター アイネット	〒770-0943 徳島県徳島市中昭和町1-2 徳島県立総合福祉センター3階	(088)625-2040
香川	香川県福祉人材センター	〒760-0017 香川県高松市番町1-10-35 香川県社会福祉総合センター4階	(087)833-0250
愛媛	愛媛県福祉人材センター	〒790-8553 愛媛県松山市持田町3-8-15 愛媛県総合社会福祉会館2階	(089)921-5344
高知	高知県福祉人材センター	〒780-8567 高知県高知市朝倉戊375-1 県立ふくし交流プラザ1階	(088)844-3511
福岡	福岡県福祉人材センター	〒816-0804 福岡県春日市原町3-1-7 クローバープラザ2階	(092)584-3310
佐賀	佐賀県福祉人材・研修センター	〒840-0021 佐賀県佐賀市鬼丸町7-18 佐賀県社会福祉会館2階	(0952)28-3406
長崎	長崎県福祉人材研修センター	〒852-8555 長崎県長崎市茂里町3-24	(095)846-8656
熊本	熊本県福祉人材・研修センター	〒860-0842 熊本県熊本市中央区南千反畑町3-7 熊本県総合福祉センター4階	(096)322-8077
大分	大分県福祉人材センター	〒870-0161 大分県大分市明野東3-4-1 大分県社会福祉介護研修センター内	(097)552-7000
宮崎	宮崎県福祉人材センター	〒885-8515 宮崎県宮崎市原町2-22 宮崎県福祉総合センター人材研修館1階	(0985)32-9740
鹿児島	鹿児島県福祉人材センター	〒890-8517 鹿児島県鹿児島市鴨池新町1-7 鹿児島県社会福祉センター内	(099)258-7888
沖縄	沖縄県福祉人材研修センター	〒903-8603 沖縄県那覇市首里石嶺町4-373-1 沖縄県総合福祉センター東棟3階	(098)882-5703

(2014年8月現在)

● 福祉人材バンク

都道府県	名称	所在地	TEL
北海道	函館市福祉人材バンク	〒040-0063 北海道函館市若松町33-6 函館市総合福祉センター3階	(0138)23-8546
	旭川市福祉人材バンク	〒070-0035 北海道旭川市5条通4-893-1 旭川市ときわ市民ホール1階	(0166)23-0138
	釧路市福祉人材バンク	〒085-0011 北海道釧路市旭町12-3 釧路市総合福祉センター3階	(0154)24-1686
	帯広市福祉人材バンク 無料職業紹介所	〒080-0847 北海道帯広市公園東町3-9-1 帯広市グリーンプラザ内	(0155)27-2525
	北見市福祉人材バンク	〒090-0065 北海道北見市寿町3-4-1 北見市総合福祉会館内	(0157)22-8046

都道府県	名称	所在地	TEL
	苫小牧市福祉人材バンク	〒053-0021 北海道苫小牧市若草町3-3-8 苫小牧市民活動センター1階	(0144)32-7111
青森	弘前福祉人材バンク	〒036-8363 青森県弘前市宮園2-8-1	(0172)36-1830
	八戸福祉人材バンク	〒039-1166 青森県八戸市根城8-8-155 八戸市総合福祉会館1階	(0178)47-2940
群馬	高崎市福祉人材バンク	〒370-0045 群馬県高崎市東町80-1　高崎市労使会館1階	(027)324-2761
	太田市福祉人材バンク	〒373-8718 群馬県太田市浜町2-7　太田市福祉会館1階	(0276)48-9599
東京	東京都福祉人材センター 介護職支援コース就職相談窓口	〒162-0021 東京都新宿区歌舞伎町2-44-1 東京都健康プラザ「ハイジア」3階	(03)5155-7804
	東京都福祉人材センター 多摩支所	〒190-0012 東京都立川市曙町2-34-13　オリンピック第3ビル7階	(042)595-8422
神奈川	川崎市福祉人材バンク	〒211-0053 神奈川県川崎市中原区上小田中6-22-5 総合福祉センター5階	(044)739-8726
福井	嶺南福祉人材バンク 無料職業紹介所	〒914-0047 福井県敦賀市東洋町4-1　あいあいプラザ内	(0770)22-3133
静岡	浜松市福祉人材バンク	〒432-8035 静岡県浜松市中区成子町140-8 浜松市福祉交流センター3階	(053)458-9205
	静岡県社会福祉人材センター 東部支所	〒410-0801 静岡県沼津市大手町1-1-3　パレット2階	(055)952-2942
愛知	豊橋市福祉人材バンク	〒440-0055 愛知県豊橋市前畑町115　豊橋市総合福祉センター内	(0532)52-1111
滋賀	滋賀県湖北介護・福祉人材センター	〒526-0036 滋賀県長浜市地福寺町4-36 長浜市民交流センター1階	(0749)64-5125
兵庫	姫路市福祉人材バンク	〒670-0955 兵庫県姫路市安田3-1　姫路市自治福祉会館内	(079)284-9988
和歌山	紀南福祉人材バンク	〒646-0028 和歌山県田辺市高雄1-23-1　田辺市民総合センター内	(0739)26-4918
島根	島根県福祉人材センター石見分室	〒697-0016 島根県浜田市野原町1826-1　いわみーる2階	(0855)24-9340
高知	安芸福祉人材バンク	〒784-0007 高知県安芸市寿町2-8	(0887)34-3540
	幡多福祉人材バンク	〒787-0012 高知県四万十市右山五月町8-3	(0880)35-5514
福岡	北九州市福祉人材バンク	〒804-0067 福岡県北九州市戸畑区汐井町1-6　ウェルとばた8階	(093)881-0901
	筑後地区福祉人材バンク	〒830-0027 福岡県久留米市長門石1-1-34 久留米市総合福祉センター内	(0942)34-3035
	筑豊地区福祉人材バンク	〒820-0011 福岡県飯塚市柏の森956-4 飯塚市社会福祉協議会内	(0948)23-2210
	京築地区福祉人材バンク	〒824-0063 福岡県行橋市中津熊501 総合福祉センターウィズゆくはし	(0930)23-8495
長崎	佐世保福祉人材バンク	〒857-0028 長崎県佐世保市八幡町6-1	(0956)23-3174
大分	日田市福祉人材バンク	〒877-0003 大分県日田市上城内町1-8 日田市総合保健福祉センター3階	(0973)24-7590
沖縄	名護市福祉人材バンク	〒905-0014 沖縄県名護市港2-1-1 名護市民会館内福祉センター内	(0980)53-4142

(2014年8月現在)

福祉人材コーナー設置ハローワーク（公共職業安定所）

都道府県	名称	所在地	TEL
北海道	札幌公共職業安定所	〒060-0004 北海道札幌市中央区北4条西5 三井生命共同札幌ビル5階ハローワークプラザ札幌内	(011)223-1135
青森	青森公共職業安定所	〒030-0822 青森県青森市中央2-10-10	(017)776-1561
岩手	盛岡公共職業安定所	〒020-0885 岩手県盛岡市紺屋町7-26	(019)624-8902
宮城	仙台公共職業安定所	〒983-0852 宮城県仙台市宮城野区榴岡4-2-3 仙台MTビル3階、4階	(022)299-8811
秋田	秋田公共職業安定所	〒010-0065 秋田県秋田市茨島1-12-16	(018)864-4111
山形	山形公共職業安定所	〒990-0813 山形県山形市桧町2-6-13	(023)684-1521
福島	福島公共職業安定所	〒960-8589 福島県福島市狐塚17-40	(024)534-4121
茨城	水戸公共職業安定所	〒310-8509 茨城県水戸市水府町1573-1	(029)231-6221

栃木	宇都宮公共職業安定所	〒320-0845 栃木県宇都宮市明保野町1-4 宇都宮第2地方合同庁舎1階	(028)638-0369
群馬	前橋公共職業安定所	〒379-2154 群馬県前橋市天川大島町130-1	(027)290-2111
埼玉	川口公共職業安定所	〒332-0031 埼玉県川口市青木3-2-7	(048)251-2901
	大宮公共職業安定所	〒330-0852 埼玉県さいたま市大宮区大成町1-525	(048)667-8609
	川越公共職業安定所	〒350-1118 埼玉県川越市豊田本277-3　川越合同庁舎内	(049)242-0197
千葉	千葉公共職業安定所	〒261-0001 千葉県千葉市美浜区幸町1-1-3	(043)242-1181
	松戸公共職業安定所	〒271-0092 千葉県松戸市松戸1307-1　松戸ビル5階	(047)367-8609
	成田公共職業安定所	〒286-0036 千葉県成田市加良部3-4-2	(0476)27-8609
	船橋公共職業安定所	〒273-0005 千葉県船橋市本町2-1-1　船橋スクエア21ビル7階	(047)420-8609
東京	池袋公共職業安定所	〒170-6003 東京都豊島区東池袋3-1-1　サンシャイン60　3階	(03)5911-8609
	足立公共職業安定所	〒120-8530 東京都足立区千住1-4-1　東京芸術センター6階	(03)3870-8609
	八王子公共職業安定所	〒192-0904 東京都八王子市子安町1-13-1	(042)648-8609
	渋谷公共職業安定所	〒150-0041 東京都渋谷区神南1-3-5	(03)3476-8609
	立川公共職業安定所	〒190-8609 東京都立川市緑町4-2　立川地方合同庁舎2階	(042)525-8609
神奈川	横浜公共職業安定所	〒231-0005 神奈川県横浜市中区本町3-30	(045)663-8609
	川崎北公共職業安定所	〒213-0011 神奈川県川崎市高津区久本3-5-7　新溝ノ口ビル4階	(044)777-8609
山梨	甲府公共職業安定所	〒400-0851 山梨県甲府市住吉1-17-5	(055)232-6060
長野	松本公共職業安定所	〒390-0828 長野県松本市庄内3-6-21	(026)228-1300
新潟	新潟公共職業安定所	〒950-8532 新潟県新潟市中央区美咲町1-2-1 新潟美咲合同庁舎2号館	(025)280-8609
富山	富山公共職業安定所	〒930-0857 富山県富山市奥田新町45	(076)431-8609
石川	金沢公共職業安定所	〒920-8609 石川県金沢市鳴和1-18-42	(076)253-3030
福井	福井公共職業安定所	〒910-8509 福井県福井市開発1-121-1	(0776)52-8171
岐阜	岐阜公共職業安定所	〒500-8719 岐阜県岐阜市五坪1-9-1　岐阜労働総合庁舎1階	(058)247-3211
静岡	静岡公共職業安定所	〒422-8045 静岡県静岡市駿河区西島235-1	(054)238-8609
	浜松公共職業安定所	〒432-8537 静岡県浜松市中区浅田町50-2	(053)457-5151
	沼津公共職業安定所	〒410-0831 静岡県沼津市市場町9-1　沼津合同庁舎1階	(055)931-0145
愛知	名古屋中公共職業安定所	〒450-0003 愛知県名古屋市中村区名駅南1-21-5 総合雇用センター内	(052)582-8171
三重	津公共職業安定所	〒514-8521 三重県津市島崎町327-1	(059)228-9161
滋賀	大津公共職業安定所	〒520-0043 滋賀県大津市中央4-6-52	(077)522-3773
京都	京都西陣公共職業安定所	〒602-8258 京都府京都市上京区大宮通中立売下ル和水町439-1	(075)451-8609
大阪	大阪東公共職業安定所	〒540-0011 大阪府大阪市中央区農人橋2-1-36 ピップビル1～3階	(06)6942-4771
	阿倍野公共職業安定所	〒545-0004 大阪府大阪市阿倍野区文の里1-4-2 あべのルシアス8階	(06)4399-6007
	堺公共職業安定所	〒590-0078 大阪府堺市堺区南瓦町2-29 堺地方合同庁舎1～3階	(072)238-8301
	枚方公共職業安定所	〒573-0031 大阪府枚方市岡本町7-1　ビオルネ・イオン枚方店6階	(072)841-3363
兵庫	神戸公共職業安定所	〒650-0025 兵庫県神戸市中央区相生町1-3-1	(078)362-8609
	姫路公共職業安定所	〒670-0947 兵庫県姫路市北条字中道250	(079)222-4431
奈良	奈良公共職業安定所	〒630-8113 奈良県奈良市法蓮町387 奈良第3地方合同庁舎1階	(0742)36-1601
和歌山	和歌山公共職業安定所	〒640-8331 和歌山県和歌山市美園町5-4-7	(073)424-9772
鳥取	鳥取公共職業安定所	〒680-0845 鳥取県鳥取市富安2-89	(0857)23-2021
	米子公共職業安定所	〒683-0043 鳥取県米子市末広町311　イオン駅前店ビル4階	(0859)33-3911
島根	松江公共職業安定所	〒690-0841 島根県松江市向島町134-10　松江地方合同庁舎2階	(0852)22-8609
岡山	岡山公共職業安定所	〒700-0971 岡山県岡山市北区野田1-1-20	(086)241-3222
広島	広島東公共職業安定所	〒732-0051 広島県広島市東区光が丘13-7	(082)264-8609
山口	山口公共職業安定所	〒753-0064 山口県山口市神田町1-75	(083)922-0043
徳島	徳島公共職業安定所	〒770-0823 徳島県徳島市出来島本町1-5	(088)622-6308

香川	高松公共職業安定所	〒761-8566 香川県高松市花ノ宮町2-2-3	(087)869-8609
愛媛	松山公共職業安定所	〒791-8522 愛媛県松山市六軒家町3-27 松山労働総合庁舎1～3階	(089)917-8609
高知	高知公共職業安定所	〒781-8560 高知県高知市大津乙2536-6	(088)878-5327
福岡	福岡中央公共職業安定所	〒810-8609 福岡県福岡市中央区赤坂1-6-19	(092)712-8609
佐賀	佐賀公共職業安定所	〒840-0826 佐賀県佐賀市白山2-1-15	(0952)24-4361
長崎	長崎公共職業安定所	〒852-8522 長崎県長崎市宝栄町4-25	(095)862-8609
熊本	熊本公共職業安定所	〒862-0971 熊本県熊本市中央区大江6-1-38	(096)371-8609
大分	大分公共職業安定所	〒870-8555 大分県大分市都町4-1-20	(097)538-8609
宮崎	宮崎公共職業安定所	〒880-8533 宮崎県宮崎市柳丸町131	(0985)23-2245
鹿児島	鹿児島公共職業安定所	〒890-8555 鹿児島県鹿児島市下荒田1-43-28	(099)250-6060
沖縄	那覇公共職業安定所	〒900-8601 沖縄県那覇市おもろまち1-3-25	(098)866-8609

(2014年8月現在)

執筆●鷺島鈴香
本文イラスト●加藤大
DTP●ワコープラネット
取材協力●社会福祉法人あすみ福祉会茶々保育園／社会福祉法人東京家庭学校分園浜田山ホーム／国立秩父学園／杉並区立永福南児童館／財団法人児童健全育成推進財団／東京都立母子保健院／板橋区立加賀福祉園／足立区立元町保育園／会津本郷町立会津本郷町保育所／株式会社ファミリー・サポート／学校法人立正大学学園立正大学
企画編集・デザイン●SIXEEDS

監修者紹介

髙橋 貴志（たかはし たかし）

1966年埼玉県生まれ。東京学芸大学大学院修士課程学校教育専攻幼児教育学講座修了。聖セシリア女子短期大学幼児教育学科助手・専任講師、白百合女子大学文学部児童文化学科専任講師・准教授を経て、現在、同大学教授。専門分野は幼児教育学、保育学。主な著書に、『保育者がおこなう保護者支援　子育て支援の現場から』（編著、福村出版）、『現代保育者入門　保育者をめざす人たちへ』（編著、大学図書出版）などがある。

まるごとガイドシリーズ④
保育士まるごとガイド〔第4版〕
——資格のとり方・しごとのすべて——

2001年2月20日　初　版第1刷発行	〈検印省略〉
2003年5月30日　改訂版第1刷発行	
2005年1月30日　改訂版第3刷発行	
2010年9月10日　第3版第1刷発行	
2012年1月20日　第3版第2刷発行	
2014年11月20日　第4版第1刷発行	

定価はカバーに表示しています

監修者　髙　橋　貴　志
発行者　杉　田　啓　三
印刷者　岡　田　浩　幸

発行所　株式会社　ミネルヴァ書房
607-8494　京都市山科区日ノ岡堤谷町1
電話代表(075)581-5191
振替口座 01020-0-8076

©SIXEEDS, 2014　　　　　　　　　　ワコープラネット

ISBN978-4-623-07262-0
Printed in Japan

まるごとガイドシリーズ

❶社会福祉士まるごとガイド〔第3版〕
監修　日本社会福祉士会　A5判 152頁 1500円
ソーシャルワークの国家資格である社会福祉士の仕事を紹介。豊富な取材を通して、読者に合った資格取得のコースをわかりやすく手引きします。

❷介護福祉士まるごとガイド〔第3版〕
監修　日本介護福祉士会　A5判 152頁 1500円
介護専門職の国家資格である介護福祉士について情報を網羅した一冊。その現在と未来を紹介し、資格取得・進学に役立つ学校リストも掲載。

❸ホームヘルパーまるごとガイド〔改訂版〕
監修　井上千津子　A5判 148頁 1200円
手助けが必要な人の日常を直接援助するホームヘルパー。活躍の場の多様性と現場の実感を紹介しつつ、読者が自分なりのヘルパー観をもてる構成。

❹保育士まるごとガイド〔第4版〕
監修　髙橋貴志　A5判 148頁 1500円
子どもの健やかな育ちを助ける保育士。子育て支援実践のリーダーとしての有資格者の現実と実感を伝えます。進路選択に重宝な情報ページも。

❺理学療法士まるごとガイド〔第3版〕
監修　日本理学療法士協会　A5判 136頁 1500円
リハビリの専門家として、さまざまな現場で活躍する理学療法士。必要な能力、給料や勤務形態から実態まで、理学療法士のすべてを紹介。

❻作業療法士まるごとガイド〔第3版〕
監修　日本作業療法士協会　A5判 148頁 1500円
食べたり、着替えたりする日常的な作業活動を支援する作業療法士。必要な能力、給料や勤務形態から実態まで、作業療法士のすべてを紹介。

❼看護師まるごとガイド〔改訂版〕
監修　田中美恵子　A5判 168頁 1500円
確かな知識と技術で健康の回復や維持を援助する専門職。医療系資格で最も活躍の場が多い資格です。進路選択に重宝な情報ページも。

❾ケアマネジャー（介護支援専門員）まるごとガイド
監修　日本介護支援協会　A5判 152頁 1500円
介護の必要な人に適切なサービスを紹介する介護支援専門員。介護保険制度の中心的な存在でもあります。きめ細かい取材で現場の実際を伝えます。

❿ボランティアまるごとガイド〔改訂版〕
監修　安藤雄太　A5判 152頁 1500円
ボランティアって何？　どんな活動があるの？　本書は、こんな疑問にこたえるため、実際の現場取材をもとにわかりやすく紹介した入門書です。

⓫栄養士・管理栄養士まるごとガイド
監修　香川芳子　A5判 144頁 1500円
「食」の専門家として、幅広いフィールドで活躍する栄養士・管理栄養士。その最前線を、わかりやすく紹介します。

⓬盲導犬・聴導犬・介助犬訓練士まるごとガイド
監修　日比野清　A5判 132頁 1500円
身体障害者をサポートする盲導犬・聴導犬・介助犬を育成するトレーナー。仕事の現状、将来像を知りたい人におすすめの入門書。

⓭言語聴覚士まるごとガイド
監修　日本言語聴覚士協会　A5判 140頁 1500円
言葉や聞こえの障害をもつ人にリハビリテーションを行う言語聴覚士。仕事と資格、職場の現実を、豊富な現場取材と確かな情報で紹介します。

⓮歯科衛生士・歯科技工士まるごとガイド
監修　日本歯科衛生士会・日本歯科技工士会　A5判 140頁 1500円
歯科衛生士と歯科技工士。どちらも口の中の健康を支える国家資格です。現場取材とインタビューを交え仕事と資格のすべてを伝えます。

❶❺福祉レクリエーション・ワーカーまるごとガイド
　　監修　日本レクリエーション協会　A5判 136頁 1500円
　福祉・医療・保健の場におけるレクリエーション援助の専門家。介護予防や子育て支援など、さまざまな課題にかかわる資格のいまを紹介。

❶❻精神保健福祉士まるごとガイド〔改訂版〕
　　監修　日本精神保健福祉士協会　A5判 128頁 1500円
　精神科ソーシャルワーカーの国家資格である精神保健福祉士。豊富な現場取材と、なりたい人の疑問に沿った構成で、仕事と資格のすべてを紹介。

❶❼福祉住環境コーディネーターまるごとガイド
　　監修　高齢社会の住まいをつくる会　A5判 132頁 1500円
　自分の家で暮らしたいという高齢者や障害者の願いに住環境整備の面でこたえる福祉住環境コーディネーター。その仕事と資格のすべてを紹介。

❶❽義肢装具士まるごとガイド
　　監修　日本義肢装具士協会　A5判 132頁 1500円
　義肢や装具という「もの」と人間の体とを適合させる義肢装具士。そのもの作りの現場を通して、資格と仕事のすべてを伝えます。

❶❾手話通訳士まるごとガイド
　　監修　日本手話通訳士協会　A5判 148頁 1500円
　聴覚障害者のコミュニケーションをサポートする手話通訳士。その仕事の場所は多岐にわたります。現場取材を通して、仕事と資格のすべてを紹介。

❷⓪保健師まるごとガイド
　　監修　全国保健師教育機関協議会　A5判 136頁 1500円
　個人や家族のケアだけでなく、地域や職場の保健のエキスパートである保健師。豊富な現場取材から普段の仕事ぶりを伝え、その現状を紹介します。

以下続刊
　⑧臨床心理士まるごとガイド

白抜き数字は既刊／価格は本体価格

ミネルヴァ書房
http://www.minervashobo.co.jp/